実務家が
知っておきたい

顧問先企業のための「銀行からの融資」ハンドブック

メガバンク
融資担当者の
視点で学ぶ，

中小企業への
融資事例と
ポイント

井村清志 著

日本加除出版株式会社

はじめに

当たり前のことですが、金融機関が行う融資は、審査を通して融資可否が決定されています。融資を受ける会社や個人事業主、あるいは会社等にアドバイスをする実務家にとっては、金融機関の内部で、具体的にどのような融資審査が行われているのか、気になるところでしょう。

融資審査の根本は「貸したお金が返ってくるかどうか」がポイントになります。この「貸したお金が返ってくるかどうか」を金融機関は様々な切り口から検証を行い、融資可否を決定しています。

金融機関も民間の営利企業ですから、融資を受け身だけで対応するのではなく、「融資を獲得する」という営業面も融資可否に少なからず影響を与えていることは事実です。

ですから、さまざまな融資案件がある中で「これはどう転んでも融資は無理だ」という案件がある一方で、「ここがもう少し良ければ」、「こうしてくれれば融資ができるのに……」という融資案件も実は多くあります。

よく金融機関の融資姿勢を例えて、「晴れの時に傘を貸して雨の時は傘を貸さない」という表現があります。確かに雨の時、つまり融資先の業績が赤字など不芳な場合には融資のハードルが高くなるのは事実です。金融機関としては当然、融資は返済をしていただけることを大前提として実行されるものですから、それができない可能性が高い状態では、仮に心情的に支援をしたいと思っても、やはり金融機関としてはハードルが高くなってしまいます。

しかし、決算が赤字の会社等には金融機関は一切融資に応じないのかといえば、そうでもありません。現に、赤字決算の会社等に融資を実行しているケースは決して少なくありません。赤字決算の場合、どのような時に金融機関は融資に応じて、どのような時には融資に応じないのか。

本書では、金融機関で今も融資実務の現場に身を置く著者が、日々の融資案件を題材にして、融資現場からの視点で捉えた考え方をご紹介します。融資審査の考え方や融資案件の構築の仕方、融資したくなる案件と融資をしたくない案件、こうすれば融資が検討できるのにと言った考え方が、読者の方々の執務のご参考になれば幸いです。

2019年６月

著　者

目　次

第1章　銀行融資の審査の基本

第2章　資金使途別の融資審査の基本

第3章　銀行員の決算書の見方

第4章　融資案件事例集

銀行融資の審査の基本

銀行内部で行われている融資審査の概要を理解することで、どのような対応・交渉を行えば融資が受けられる可能性を高めることができるのかのヒントが得られます。

ここでは、融資審査の現場では一体どのような考え方に基づいて融資可否を判断しているのか、ご紹介していきます。

1 融資審査の流れ

融資の可否判断は債務者ごとに、まさに個別に判断がなされていますが、判断は個別であっても必ず一定のプロセスに沿って審査が行われています。

融資審査のプロセスは次のとおりです。

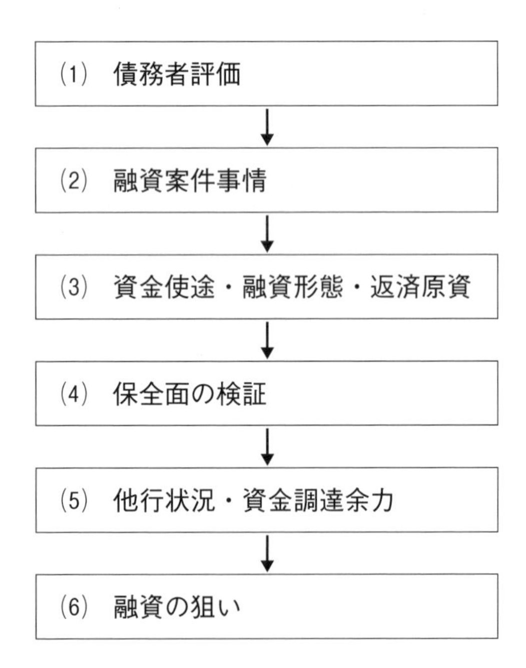

2 各プロセスの紹介

(1) 債務者評価

融資審査のスタートはまずは債務者評価です。

どういった事業をしているのか、業績はどうなのか、今後の業績見通しはどうなのかといった債務者の状態そのものを審査します。

バブル経済の時代は担保至上主義で、債務者の業績は横に置いておいて、担保さえあれば融資を実行していたことは少なくありませんでした。その反省もあって、今では担保があるかどうかは関係なく、そもそも「貸せる先なのか」と債務者の評価から融資審査をスタートさせています。融資の現場においては時々お客様より「自宅を担保に入れますので融資をお願いします」といきなり言われることがありますが、まずはこの会社（人）はお金を貸してもきちんと返済してくれるのかどうかを審査します。担保の有無についてはその後のことです。

債務者評価においては、債務者の事業内容の把握が最初に来ます。ただし、銀行員の中で様々な事業について深い知識を持っている人は少数派と言えます。銀行員だから経済に強く、様々な業界の事情や実態に詳しいものと一般的には思われているかもしれませんが、実はそのようなことはありません。何年、何十年も様々な業種のお客様を担当しているベテラン銀行融資マンであれば、業界事情や事業内容について一定レベルの知識を有していると言えますが、銀行の融資担当者も今では若い人がたくさんいます。そのような融資担当者は、実はお客様の事業内容をよく理解していません。ですから、債務者評価と題して担当先の事業内容を分析し、将来性を見通すことは非常にハードルが高くなっています。

上記のようなことが銀行融資担当者の実態ですから、銀行員だから簡単な説明で自社の事業内容を理解してもらえるはずだ、と考えるのは誤りです。事業内容をよく理解されないまま、融資の判断が進められるのもよく思わないでしょう。銀行融資担当者に事業内容の説明を行う時には、できるだけ図や製品そのものを示して具体的に説明されたほうがよいと思います。そうすることで、銀行担当者も事業内容を十分に理解をして融資審査の判断を進めることができるのです。

ポイント

・融資審査は担保の有無ではない。何を行っている会社（人）なのかがスタート。
・銀行員は事業内容の理解度が思っている以上に低い。懇切丁寧に事業内容を説明することが大切で、それが正しい融資審査判断に導く。

(2)　融資案件事情

先ほどの債務者評価において、貸せる可能性があるとのプロセスを経れば、次は今回の融資案件事情を検証しています。融資案件事情とは、要するにどのような事情で今回の融資を検討することになったのかという経緯です。

まず、最初に銀行からの売り込み案件なのか、それともお客様からの申し出案件なのかを区別します。売り込み案件は、お客様の資金繰り事情よりは銀行の営業の側面が強い案件です。お客様からの申し出案件よりは銀行からの売り込み案件の方が、審査の目線は低くなる傾向があります。これは銀行の営業面を考慮するという要素もありますが、売り込み案件の場合には、往々にしてお客様側に早急な資金需要が発生していないことが多いですから、銀行としてもそれほど慎重な姿勢で、つまり身構えて審査をする必要性が低いと言えます。

一方、今回の融資案件がお客様側からの申し出という事情であれば、お客様側にて資金面の必要性があるということですから、銀行としては先ほどの売り込み案件に比べて、より慎重な姿勢で融資案件に臨むことになります。売上増加を要因とする運転資金需要や、受注増加に伴う生産設備増強の設備投資など、前向きな要因は良いとしても、業績不振による資金繰り逼迫や商品在庫陳腐化による運転資金需要など、後ろ向きな要因に基づく融資申し出案件に対しては、リスクが高い案件として慎重な姿勢で銀行は審査を行うことになります。

このように、融資案件事情のプロセスでは今回の融資案件の要因を把握し、審査のスタンス、つまり前向きもしくは慎重といった今後の判断環境を検証します。

ポイント

融資案件事情の把握により銀行の審査スタンスの今後の方向性が決まる。

(3)　資金使途・融資形態・返済原資

まず資金使途ですが、銀行の融資は事業に関する資金が対象です。運転資金や設備資金が代表的な融資の資金使途になります。なお、運転資金には賞与資金や納税資金、季節的要因に基づく資金も含みます。また、不動産業の会社が商品用として不動産を取得する際の資金ですが、これは運転資金として銀行では取り扱っています。

これら以外の使途、例えば株式に投資するための資金や高額な車両購入資金、第三者に貸付を行うための資金などについては原則として融資の対象外です。なぜなら、株式投資や高額な車両の保有、第三者への貸付などは事業とは関係ない分野だからです。また、こういった資金は直接的に債務者に対して利益を継続的にもたらし、債務者の事業を強化することにはつながりませんから、融資の対象には原則としてならないのです。こういった使途の融資を行っても返済原資が不明瞭ですし、融資の回収面に大きな懸念が発生します。したがって、事業に関わりのない使途の融資については、原則として銀行は対応しません。

ポイント

・融資の資金使途は、運転資金や設備資金に代表されるように事業に直接関わりのあるものが対象。
・株式投資資金など事業に直接関わりのない使途は、原則として融資の対象外。

ここで、銀行がどのように資金使途を管理しているか、簡単にご紹介します。

①　運転資金のケース

運転資金は、仕入資金や従業員の給与、家賃の支払い、リース代金など、非常に幅が広い資金使途に対応した融資です。

仕入資金だけに限定した融資ではなく、幅が広い使途に対応する特徴がありますから、融資実務上、本当に仕入資金として使ったのか、給与の支払いに使ったのかを管理することは不可能です。ですから、融資の現場では運転資金融資について使途管理を行っていないのが実態です。

ただし、事後的に資金使途の検証は行っています。それは融資実行前の貸借対照表と融資実行後の貸借対照表の比較です。

次の**図１**は融資前と融資後の貸借対照表を比較したものです。

【図１】

貸　借　対　照　表

（単位：百万円）

資　　産	融資前	融資後	負債・純資産	融資前	融資後
（流動資産）	77	129	（流動負債）	57	105
現金・預金	23	26	支払手形	0	0
受取手形･売掛金	28	31	買掛金	28	31
未収入金	5	3	短期借入金	5	55
貸倒引当金	−1	−1	未払金	3	2

棚卸資産	20	18	未払法人税等	6	5
			預り金	1	1
			その他流動負債	14	11
短期貸付金	0	50			
その他流動資産	2	2			
（固定資産）	38	37	（固定負債）	27	28
有形固定資産	13	12	長期借入金	15	17
建物･構築物･機械	12	11	その他固定負債	12	11
車両運搬具・工具	1	1			
土地	0	0	（純資産）	31	33
無形固定資産	1	1	資本金	10	10
投資その他資産	24	24	利益剰余金	21	23
（繰延資産）	0	0	（繰越利益剰余金）	21	23
資産の部合計	115	166	負債･純資産合計	115	166

運転資金として、期間１年の融資5,000万円を融資しました。ここで融資前と融資後の貸借対照表の資産項目の増減を見てみると、短期貸付金が、融資前に０であったものが融資後には5,000万円計上されています。運転資金融資5,000万円の資金が、直接、貸付資金に使われたかもしれませんし、直接には使われなかったかもしれません。

しかし、「お金に色はない」とよく言われるように、たとえ間接的にあったにせよ、つまり運転資金融資の資金は仕入資金に使用されたとしても、貸付金が発生あるいは増加している以上、融資の資金が貸付金の全額あるいは一部に使用されたと考えるのが銀行です。資金使途違反として一括返済を求めることはないとしても、次回の融資のハードルが非常に高くなるは事実です。なぜなら、新たに運転資金として融資した資金がまた貸付金などの使途以外の用途に使われるのではないか、と銀行は考えるからです。

②　設備資金のケース

設備資金については、銀行は厳格に資金使途の管理を行っています。

例えば、機械購入の設備資金の場合、設備資金融資の実行は機械購入代金の支払日と同一の日に行います。さらに、融資実務においては、この融資の金銭消費貸借契約を行う際に、購入先への振込手続も同時に預かっています。このことにより、銀行は融資実行後直ちに振込手続を行い、設備資金の融資が他の使途に流用されないようにするのです。

ところで、設備資金の融資の場合には、その審査資料として、あらかじめ発注先や購入先から示された見積書類の提出をお願いしていますが、その後の値引き交渉などで見積金額が変更になることがあると思います。その際、特に見積金額が減額となるときには注意が必要です。

実際の例をご紹介します。ある運送業の会社から、トラック購入のための融資申し出がありました。購入先から示された見積書をもとに、融資審査を経て融資の実行を行い、事前に預かった振込依頼に基づき同時に振込、つまり購入先への支払いを行いました。その後、融資先に購入先から受け取った領収書の提出を受けましたが、その領収書に記載されていた金額は融資実行額より200万円ほど少ない金額でした。融資先に問い合わせをしたところ、値引きを受けたとのことでした。つまり、銀行側からすると、200万円は設備資金ではない別の使途の融資を行ったことになります。結果として、この顧客とは話し合いにより、設備以外の使途となった200万円について、後日繰上返済手続をしていただきました。

このように、設備資金融資についてはその使途管理を銀行は厳格に行っています。当然、万が一資金使途相違が発覚した場合には、その後の交渉状況によっては、繰上返済や後日の融資はもう行わないなどといった対応を銀行は取ることになります。

ポイント

・運転資金融資の資金使途管理を、銀行は事後的に行っている。運転資金だからといって何にでも使用すると、ケースによっては繰上返済手続などが必要となる。
・設備資金の使途管理は厳格で、資金使途違反は許されない。

次に融資形態の検討です。①手形貸付（借入の証として受取人を銀行とする手形を差し入れる形態）なのか証書貸付（借入の証として金銭消費貸借契約証を差し入れる形態）なのか、②融資期間はどの程度か、③返済方法は期限一括返済なのか分割返済なのか、④利率はどの程度か――を検討します。融資期間が１年以下の短期融資であれば手形貸付、１年超であれば証書貸付と考えていただければよいと思います。

返済方法は運転資金であれば期限一括か分割返済、設備資金であれば分割返済を原則としています。

利率については、融資先の業績に基づいて決定された信用格付による利率の目線を銀行では決めていますので、その基準となる利率から出発してどの程度の利率にするか、つまり基準利率からどの程度引き下げをするかを検討しています。利率を引き下げる要素としては担保の有無、融資以外の取引状況、他行との競合状況などです。

このプロセスの最後は返済原資です。返済原資としては、運転資金の場合にはその性格上、売上収入つまり営業収入となります。設備資金の場合は収益となります。その他、不動産のプロジェクト資金の場合にはその不動産の売却代金などとなります。返済原資の検討においては、上記のように原資は何かという検証に加えて、そもそもその原資を確実に融資先が確保できるのかどうかが中心となります。つまり「返せるのか、返せないのか」という融資審査の根幹をなす部分です。

(4)　保全面の検証

担保が十分に取れる場合には、保全面の検討は難しくはありません。問題は、担保が取れずに信用扱いにて融資を許容する場合です。実際は、この信用扱いでの融資が大半を占めています。

①業績が堅調であり返済面には懸念がなく信用扱いを許容するのか、②担保には取らないものの担保余力がある不動産資産を有しており、万が一の場合にはこの不動産を活用した追加の資金調達や担保徴求等により回収面の保全が取れるのか、③法人は担保余力がある資産を有していないものの、オーナー個人は担保余力がある不動産などの資産を有しており、②と同様のことが言えるのかどうか――といったところが検討ポイントとなります。

(5)　他行状況・資金調達余力

多く場合、取引先の資金繰り支援をすべて自行のみで行うことは限界があり、取引先の規模が大きくなるほど複数の金融機関にてその取引先の資金繰りを支えるというのが一般的です。

複数の金融機関が資金繰りを支えるということですから、他行もきちんと融資に応じているのかどうか、融資には応じずに回収を優先しているようなことはないかどうかの確認をします。他行が融資に応じないとなると、自行を含めた他の金融機関が支援をしないといけないということなりますから、確認は欠かせないのです。

また、特に中小企業において言えることですが、まだ資金調達が可能な余力があるのかどうかの確認も大切なこととして行っています。少し乱暴な言い方ですが、会社や個人事業主はどれだけ決算が赤字であっても資金繰りが続く限り破綻することはありません。逆にどれだけ決算が黒字であっても資金繰りが途絶えてしまえば、その時点で会社や個人事業主は破綻してしまいます。ですから、銀行としては融資先の資金繰りが問題がないのかどうかの確認をとても大切なこととしています。

この資金繰りが続くかどうかということにおいて、資金調達余力の検証を大切にしているのです。では、資金調達余力の有無をどのように判断しているのかという点ですが、大きくは資産余力と信用保証協会の保証余力の検証です。担保としての余力が認められる不動産などの資産を有していれば、融資先はその担保を活用することにより比較的容易に資金調達を行うことができるでしょう。また、公的な保証機関である信用保証協会がまだ保証をする余力があるということであれば、まずその信用保証協会の保証制度の活用により銀行から融資を受けることができるでしょう。この２つを主に銀行は検証しているのです。

(6)　融資の狙い

最後に今回の融資の狙いです。

単に資金繰り支援のための融資も当然ありますが、特に銀行から営業提案する融資案件の場合には、融資によりどのようなことを狙っているのかを確認しています。

主な融資の狙いとしては、

・融資シェアアップによる一層の取引拡大

・国内振込の他行からの獲得

・売上被振込入金の増加

・外国為替取引の獲得

・オーナー個人の個人取引の獲得

などです。

ですから、融資以外の項目で他行から移せるものは何かなどを明確にすることも、審査を通りやすくするための借り手側の交渉手法の１つかもしれません。

第2章

資金使途別の融資審査の基本

ここでは、銀行融資の代表的な資金使途である①運転資金、②設備資金について、それぞれ融資審査がどのような目線で行われているのかを説明していきます。

融資審査の案件ごとに千差万別なところもありますが、基本の目線は共通しています。

1 運転資金の審査目線

運転資金は銀行融資のもっとも代表的なもので、銀行の融資現場においては圧倒的に取扱いが多い使途です。

(1) 運転資金審査のスタートは所要運転資金水準の把握

売上が現金として回収されるまでの間、仕入れの支払いや外注先への支払い、家賃や給料の支払いに必要となる資金の立替資金が運転資金となります。そのため、運転資金の融資審査においては、まず融資先がどれほどの運転資金が必要な体質なのかを把握することから始まります。

銀行では、運転資金がどの程度必要なのかを決算書の貸借対照表から算出しています。

【図２】

貸　借　対　照　表

（単位：百万円）

資　　産	前　期	負債・純資産	前　期
（流動資産）	129	（流動負債）	105
現金・預金	26	支払手形	0
受取手形・売掛金	31	買掛金	31
未収入金	3	短期借入金	55
貸倒引当金	－1	未払金	2
棚卸資産	18	未払法人税等	5
		預り金	1

		その他流動負債	11
短期貸付金	50		
その他流動資産	2		
（固定資産）	37	（固定負債）	28
有形固定資産	12	長期借入金	17
建物·構築物·機械	11	その他固定負債	11
車両運搬具・工具	1		
土地	0	（純資産）	33
無形固定資産	1	資本金	10
投資その他資産	24	利益剰余金	23
（繰延資産）	0	（繰越利益剰余金）	23
資産の部合計	166	負債・純資産合計	166

図2をご覧ください。

所要運転資金は次の計算式によって算出しています。

【受取手形・売掛金＋棚卸資産】－【支払手形＋買掛金】

図2の貸借対照表に当てはめると、

31百万円＋18百万円－31百万円＝18百万円

つまり、この会社は18百万円の運転資金が事業活動において必要であるということです。この所要運転資金水準の把握が、運転資金融資の審査の第一歩です。

ここからは貸借対照表の状態に応じて、運転資金審査の目線をいくつかの事例で説明していきます。

⑵　運転資金融資が検討しやすいケース

次の**図3**をご覧ください。

【図３】

貸　借　対　照　表

（単位：百万円）

資　　産	前　期	負債・純資産	前　期
（流動資産）	129	（流動負債）	70
現金・預金	26	支払手形	0
受取手形・売掛金	80	買掛金	31
未収入金	3	短期借入金	20
貸倒引当金	−1	未払金	2
棚卸資産	18	未払法人税等	5
		預り金	1
		その他流動負債	11
短期貸付金	1		
その他流動資産	2		
（固定資産）	16	（固定負債）	21
有形固定資産	12	長期借入金	10
建物･構築物･機械	11	その他固定負債	11
車両運搬具・工具	1		
土地	0	（純資産）	54
無形固定資産	1	資本金	10
投資その他資産	3	利益剰余金	44
（繰延資産）	0	（繰越利益剰余金）	44
資産の部合計	145	負債・純資産合計	145

図３のケースにおいて、所要運転資金は

【受取手形・売掛金80百万円＋棚卸資産18百万円】−【支払手形０百万円＋買掛金31百万円】＝67百万円

と算出されます。

一方、借入金は、短期借入金20百万円と長期借入金10百万円が計上されており、合計は30百万円となります。

(3) 借入金の充当順位は運転資金から

借入金は様々な使途で使用されており、どの使途にいくら使用されているかを区分けすることは不可能です。貸借対照表の資産の部が資金の運用項目ですから、借入金はそれぞれの資産に分散して使用されているというのが正しいでしょう。

ただし、融資審査においては、一定の順序のもとに借入金の使途を特定しています。特定しているというよりも、そのようにみなしているという方が正しいかもしれません。借入金は、事業活動に必要性が高いことを最優先にして、さらに資産の流動性も加味して次の順序にて充当されるものと銀行は見なしています。

運転資金 ⇨ 固定資産 ⇨ 現預金 ⇨ その他資産項目

さきほどの**図３**のケースで考えてみましょう。

借入金合計は30百万円でした。

一方で所要運転資金は67百万円でしたから借入金はすべて運転資金として使用されているものと銀行は考えるのです。

【図４】

（単位：百万円）

使　途		借入金	
運転資金	67	総借入金	30
固定資産	16		
現預金	26		
その他	43		

このケースは、銀行的には非常に運転資金融資が検討しやすい環境です。所要運転資金が67百万円であるのに対して、対応する借入金は30百万円であり、銀行から見るとまだ37百万円の運転資金融資が可能な状

態にあると考えられるからです。

したがって、この状態において37百万円以内の運転資金融資の相談があれば、足元の業績状況など検討しなければならない項目があるものの、これだけを見れば融資がしやすい環境にあり、前向きな検討を行うことになります。

(4)　運転資金融資が検討しにくいケース

次のケースを見てみましょう。

【図5】

貸　借　対　照　表

（単位：百万円）

資　　産	前　期	負債・純資産	前　期
（流動資産）	111	（流動負債）	95
現金・預金	9	支払手形	25
受取手形・売掛金	24	買掛金	31
未収入金	15	短期借入金	20
貸倒引当金	−1	未払金	2
棚卸資産	15	未払法人税等	5
		預り金	1
		その他流動負債	11
短期貸付金	25		
その他流動資産	24		
（固定資産）	16	（固定負債）	21
有形固定資産	12	長期借入金	10
建物･構築物･機械	11	その他固定負債	11
車両運搬具・工具	1		
土地	0	（純資産）	11
無形固定資産	1	資本金	10
投資その他資産	3	利益剰余金	1
（繰延資産）	0	（繰越利益剰余金）	1
資産の部合計	127	負債・純資産合計	127

この**図５**のケースにおいても、まず所要運転資金を算出します。

所要運転資金＝【受取手形・売掛金24百万円＋棚卸資産15百万円】－【支払手形25百万円＋買掛金31百万円】＝－17百万円です。

所要運転資金がマイナスということは、この会社は運転資金が不要の財務体質にあり、運転資金が不要な体質の会社に対して運転資金融資を検討することは、ハードルが高くなります。先ほどの借入金の充当順位に従って、借入金が何に使用されているのかを見ておきます。

【図６】

（単位：百万円）

使　途		借入金	
運転資金	－17	総借入金	30
固定資産	16		
現預金	9		
その他	5		

運転資金が不要ですから、借入金は主として固定資産取得のための設備資金や手元資金、およびその他の資産項目に使用されているとみなされます。その他の５百万円については、貸借対照表の資産の部を見てみると、短期貸付金25百万円が目につきます。借入金の一部が貸付金に流用されている懸念もあります。

このように、運転資金融資の審査においては、運転資金の必要性を中心とした目線で検討を行っています。

ポイント

運転資金融資の基本的な審査目線

・そもそも運転資金が必要な体質なのか。
・融資額は運転資金として妥当な範囲内かどうか。
・他の使途に流用される懸念はないか。

2 設備資金の審査目線

設備資金融資の案件においては、収益によって十分に返済が可能なのかどうかが審査の基本目線です。当然ながら、設備投資の目的やその効果についても検証を行っていきます。

融資実務の現場においては、設備資金融資案件について「収益返済計画」などと呼ばれているツールを用いて、返済が可能なのかどうかを検証しています。キャッシュフローが返済原資となり、その範囲内に借入返済や新たな設備投資といった資金負担が収まっているかどうかを見ます。もっともわかりやすいのは最下段の「差引過不足」の欄であり、ここがプラスであれば返済可能、ここがマイナスであれば直ちに返済不能とは断定できないまでも、収入より支出の方が多いことを示しており、この状態が続けば最悪資金繰りが行き詰まることになります。

この収益返済計画は銀行が作成するものではなく、基本的には取引先より提出を受けたものを土台にしています。取引先より提出を受けたものを基本にして、そもそもその売上計画や利益計画は実現可能なものなのかどうか（バラ色の計画になっていないか）、計画どおりの売上や利益が確保できない場合にも返済が可能なのかどうかを検証しています。具体的には、取引先より提出を受けた数字に一定のストレスをかけて（売上を９割程度にするなど）返済可能性を検証しています。

【図７】

収　益　返　済　計　画

（単位：百万円）

決算期		2018/5期実績		2019/5期予想		2020/5期予想		2021/5期予想		2022/5期予想	
			%		%		%		%		%
損益	売上高	168	100	181	100	185	100	197	100	207	100
	売上総利益	67	39.9	74	40.9	79	42.7	85	43.1	89	43.0
	一般管理販売費	57	33.9	60	33.1	63	34.1	67	34.0	67	32.4
	営業利益	10	6.0	14	6.0	16	6.0	18	6.0	22	6.0
	営業外損益	1	0.6	−2	−1.1	−3	−1.6	−3	−1.5	−3	−1.5

	経常利益	11	6.5	12	6.6	13	7.0	15	7.6	19	9.2
	税引前利益	10	6.0	10	5.5	10	5.4	12	6.1	16	7.7
調達	減価償却	2		2		1		1		1	
	引当金増減	0		0		0		0		0	
	法人税等	4		4		4		5		7	
	社外流出	0		0		0		0		0	
	資産売却	0		0		0		0		0	
	キャッシュフロー	8		8		7		8		10	
	増資等	0		0		0		0		0	
	社債発行	0		0		0		0		0	
	長期借入金	0		10		0		0		0	
	（うち本件）	0		10		0		0		0	
	調達計	8		18		7		8		10	
運用	設備投資	5		20		2		2		2	
	（うち本件）	0		15		0		0		0	
	投融資等	0		0		0		0		0	
	長期返済	0		1		1		1		1	
	（うち本件）	0		1		1		1		1	
	社債償還	0		0		0		0		0	
	運用計	5		21		3		3		3	
差引過不足		3		−3		4		5		7	

上記**図７**の例では、キャッシュフローにて返済などが十分に賄われるものとなっており、設備投資計画そのものの妥当性も認められ、設備資金融資は前向きに検討できます。

一方、次の**図８**のケースはどうでしょうか。

【図８】

収　益　返　済　計　画

（単位：百万円）

決算期		2018/5期実績		2019/5期予想		2020/5期予想		2021/5期予想		2022/5期予想	
			%		%		%		%		%
損益	売上高	326	100.0	330	100.0	340	100.0	345	100.0	350	100.0
	売上総利益	87	26.7	88	26.7	90	26.5	93	27.0	95	27.1
	一般管理販売費	78	23.9	80	24.2	83	24.4	83	24.1	83	23.7
	営業利益	9	6.0	8	6.0	7	6.0	10	6.0	12	6.0
	営業外損益	−7	−2.1	−8	−2.4	−8	−2.4	−8	−2.3	−8	−2.3

	項目										
	経常利益	2	0.6	0	0.0	−1	−0.3	2	0.6	4	1.1
	税引前利益	1	0.3	0	0.0	−1	−0.3	1	0.3	4	1.1
調達	減価償却	5		5		5		5		5	
調達	引当金増減	0		0		0		0		0	
調達	法人税等	0		0		0		0		2	
調達	社外流出	0		0		0		0		0	
調達	資産売却	0		0		0		0		0	
調達	キャッシュフロー	6		5		4		6		7	
調達	増資等	0		0		0		0		0	
調達	社債発行	0		0		0		0		0	
調達	長期借入金	0		20		0		0		0	
調達	（うち本件）	0		20		0		0		0	
調達	調達計	6		25		4		6		7	
運用	設備投資	2		25		0		0		0	
運用	（うち本件）	0		25		0		0		0	
運用	投融資等	0		0		0		0		0	
運用	長期返済	5		7		7		7		7	
運用	（うち本件）	0		2		2		2		2	
運用	社債償還	0		0		0		0		0	
運用	運用計	7		32		7		7		7	
差引過不足		−1		−7		−3		−1		0	

この例では、キャッシュフローは年間返済額を下回る状況になっており、返済を続けるためには手元資金の取り崩しや新たな借入が必要となっています。キャッシュフローで返済が賄えることが設備資金融資の前提であり、それが無理であれば何のための設備投資なのか、ということになります。このような場合は、融資は基本的に困難となります。

設備投資は、その取引先の将来を左右するといっても過言ではありません。残念ながら破綻してしまった会社の中には、過去の過大な設備投資負担が原因となった例もしばしばあります。

設備投資が過大かどうかの判断には様々な切り口があると思いますが、１つの目線としては、設備投資によって新たに生み出された収益によって設備投資融資の返済ができるかどうかです。無理なく返済が可能なキャッシュフローであれば、その設備投資は妥当であり、その会社の今後の業績を押し上げていく原動力になります。逆に返済が無理あるいは窮屈ということであれば、その設備投資計画を今一度見直すことも必要になってくるでしょう。

ポイント

設備資金融資の基本的な審査目線

・年間のキャッシュフローで設備投資借入が返済可能かどうか。
・万が一の場合の保全確保が可能かどうか。

第3章

銀行員の決算書の見方

決算書は、それを見る人の目的によって見方が異なります。例えば、資金運用の獲得を目的とする場合には、決算書の貸借対照表で「現預金をどのくらい持っているのか」「有価証券投資など資金運用をしている会社か」といったところに着目をするのではないでしょうか。また、保険を売りたいと考えている場合には、既に保険をかけているのか、かけているとしてどの程度なのかといったところに着目をするでしょう。

では、銀行員はどのような見方をしているのでしょうか。融資担当の銀行員は「ここにお金を貸してもきちんと返済できるかどうか」という観点から決算書を見ます。具体的にどのような見方をしているのか、代表的なものを中心に説明します。

1 自己資本の水準

【図9】

貸　借　対　照　表

（単位：百万円）

資　　産	前　期	負債・純資産	前　期
（流動資産）	111	（流動負債）	95
現金・預金	9	支払手形	25
受取手形・売掛金	24	買掛金	31
未収入金	15	短期借入金	20
貸倒引当金	−1	未払金	2
棚卸資産	15	未払法人税等	5
		預り金	1
		その他流動負債	11
短期貸付金	25		
その他流動資産	24		
（固定資産）	16	（固定負債）	21
有形固定資産	12	長期借入金	10

建物・構築物・機械	11	その他固定負債	11
車両運搬具・工具	1		
土地	0	（純資産）	11
無形固定資産	1	資本金	10
投資その他資産	3	利益剰余金	1
（繰延資産）	0	（繰越利益剰余金）	1
資産の部合計	127	負債・純資産合計	127

銀行員はお客様の決算書を手にした時、まずは貸借対照表の自己資本（純資産）の部分を見ます。損益計算書を見て「黒字か、赤字か」ではありません。貸借対照表の自己資本を見て、まず債務超過ではないかどうかを確認します。

自己資本は、その会社が設立されてから現在までの利益の蓄積状況を示しています。債務超過ということは、端的に言ってこの会社は赤字体質の会社ということになります。融資は返していただくことが前提ですから、赤字体質の会社には、担保が十分で万が一の場合の保全が確保されているなどの事情がない限り、新規融資は非常に難しくなります。

【図10　債務超過の例】

貸　借　対　照　表

（単位：百万円）

資　　産	前　期	負債・純資産	前　期
（流動資産）	111	（流動負債）	95
現金・預金	9	支払手形	25
受取手形・売掛金	24	買掛金	31
未収入金	15	短期借入金	20
貸倒引当金	−1	未払金	2
棚卸資産	15	未払法人税等	5
		預り金	1
		その他流動負債	11
短期貸付金	25		

その他流動資産	24		
(固定資産)	16	(固定負債)	21
有形固定資産	12	長期借入金	10
建物·構築物·機械	11	その他固定負債	11
車両運搬具・工具	1		
土地	0	(純資産)	−24
無形固定資産	1	資本金	10
投資その他資産	3	利益剰余金	−34
(繰延資産)	0	(繰越利益剰余金)	−34
資産の部合計	127	負債・純資産合計	92

図10の会社は、設立から現在に至るまでの間、結果として34百万円の累積赤字状態です。特定の決算期に大幅な赤字を計上してしまい、その要因で債務超過になったのかもしれません。あるいは黒字の決算期はあったものの、赤字決算が過去から何度もあって累積赤字の状態になったのかもしれません。

債務超過になった背景には、それぞれ要因があると思いますが、結果として、設立から現在に至るまでの間は赤字体質であったと銀行員は見るのです。

では、次の**図11**の例はどうでしょうか。

【図11】

貸　借　対　照　表

(単位：百万円)

資　　産	前　期	負債・純資産	前　期
(流動資産)	111	(流動負債)	95
現金・預金	9	支払手形	25
受取手形・売掛金	24	買掛金	31
未収入金	15	短期借入金	20

貸倒引当金	－1	未払金	2
棚卸資産	15	未払法人税等	5
		預り金	1
		その他流動負債	11
短期貸付金	25		
その他流動資産	24		
（固定資産）	16	（固定負債）	21
有形固定資産	12	長期借入金	10
建物・構築物・機械	11	その他固定負債	11
車両運搬具・工具	1		
土地	0	（純資産）	5
無形固定資産	1	資本金	30
投資その他資産	3	利益剰余金	－25
（繰延資産）	0	（繰越利益剰余金）	－25
資産の部合計	127	負債・純資産合計	121

この例では、自己資本は５百万円ですから債務超過ではありません。しかし、決して満足がいくものではありません。なぜなら、繰越損失が25百万円あり、30百万円の資本金でかろうじて債務超過を免れていると見ることができるからです。

仮に資本金が20百万円であれば、この会社も債務超過です。赤字がここ最近数期間続いているとすると、その体質が変わらない限り、時間の問題で表面的にも債務超過に転落します。融資担当の銀行員としては頭が痛い例だと言えます。

一方で、次の**図12**の場合はどうでしょうか。

【図12】

貸　借　対　照　表

（単位：百万円）

資　　産	前　期	負債・純資産	前　期
（流動資産）	111	（流動負債）	95
現金・預金	9	支払手形	25
受取手形・売掛金	24	買掛金	31
未収入金	15	短期借入金	20
貸倒引当金	−1	未払金	2
棚卸資産	15	未払法人税等	5
		預り金	1
		その他流動負債	11
短期貸付金	25		
その他流動資産	24		
（固定資産）	16	（固定負債）	21
有形固定資産	12	長期借入金	10
建物・構築物・機械	11	その他固定負債	11
車両運搬具・工具	1		
土地	0	（純資産）	113
無形固定資産	1	資本金	10
投資その他資産	3	利益剰余金	103
（繰延資産）	0	（繰越利益剰余金）	103
資産の部合計	127	負債・純資産合計	229

厚い繰越利益を計上しており、総じて設立以来順調に進んできたものと考えられます。まさに銀行員が「融資したい」と感じる自己資本状態です。

2 売上の推移

【図13】

損　益　計　算　書

（単位：百万円）

科　　目	第47期	第48期	第49期	第50期	第51期
Ⅰ　売上高	1,292	1,117	1,094	1,052	935
（国内向売上）	1,203	1,038	1,025	986	872
（海外向売上）	55	51	42	41	38
（派遣売上）	8	7	7	6	5
（スクラップ売上）	26	21	20	19	20
売上原価	1,139	1,049	1,026	992	872
期首商品棚卸高	2	19	15	12	13
当期製品製造原価	1,156	1,045	1,023	993	874
期末商品棚卸高	19	15	12	13	15
Ⅱ　売上総利益	153	68	68	60	63
販売費及び一般管理費	155	152	146	143	132
社員給与	75	75	74	74	72
役員報酬	28	24	24	24	18
福利厚生費	15	17	16	16	14
旅費交通費	3	3	3	2	2
通信費	3	3	2	2	2
租税公課	5	5	4	5	4
減価償却費	9	9	8	8	8
販売手数料	3	6	5	3	4
その他固定費	14	10	10	9	8
Ⅲ　営業利益	11	−84	−78	−83	−69
営業外収益	8	6	5	6	5
受取利息・配当金	1	1	1	1	1
貸倒引当金戻入	3	4	3	3	3
為替差益	4	1	1	2	1

営業外費用	8	15	14	15	17
支払利息割引料	4	10	11	13	14
貸倒引当金繰入	4	5	3	2	3
Ⅳ　経常利益	11	16	－87	－92	－81
特別損失(固定資産売却損)	0	1	0	0	0
Ⅴ　税引前当期純利益	11	15	－87	－92	－81
法人税等	4	5	0	0	0
Ⅵ　当期純利益	7	10	87	－92	－81

自己資本の部分を見た後に銀行員が見るのは、売上高のところです。売上の絶対額、つまり売上が１億円とか10億円のように、売上規模を見てその会社のおおよその規模を類推します。その上で数年間の売上の推移を見ます。売上が伸びている会社なのか、それとも売上が減少傾向にある会社なのかを把握します。

図13の会社はどうでしょうか。売上の減少に伴い資金繰りの悪化や借入金の返済負担が重さが想像されます。このような傾向にある会社への融資は当然厳しくなります。

3　貸借対照表の資産の中身

債務超過ではないかどうか、売上は増加傾向か、横ばいか、それとも減少傾向かを把握した後に、銀行員は貸借対照表の資産項目に着目します。

そのポイントは資産の内訳です。その会社がどこに資金を投入しているのかを知ることができます。利益や借入金で手元にした資金について、その会社はどのような使い方をしているのかを銀行員は知ろうとするのです。貸借対照表の資産項目は、その会社、その会社の社長の考え方などを如実に示しています。

【図14】

貸　借　対　照　表

（単位：百万円）

資　　産	前　期	負債・純資産	前　期
（流動資産）	89	（流動負債）	34
現金・預金	34	支払手形	0
受取手形・売掛金	24	買掛金	14
未収入金	5	短期借入金	10
貸倒引当金	−1	未払金	2
棚卸資産	15	未払法人税等	3
		預り金	1
		その他流動負債	4
短期貸付金	0		
その他流動資産	12		
（固定資産）	17	（固定負債）	15
有形固定資産	13	長期借入金	15
建物・構築物・機械	11	その他固定負債	0
車両運搬具・工具	2		
土地	0	（純資産）	57
無形固定資産	1	資本金	10
投資その他資産	3	利益剰余金	47
（繰延資産）	0	（繰越利益剰余金）	47
資産の部合計	106	負債・純資産合計	106

図14の貸借対照表の資産項目に着目してください。この貸借対照表の資産項目の内容は、銀行員が相当好む内容です。ポイントは、ほとんど事業に関わる資産項目だけであり、事業とは関係のない資産項目がないことです。つまり、資金を事業に関わるものだけに投入しており、事業とは関係のない、収益を原則として生み出さないことに投入していないということです。

こういう貸借対照表の会社は、必ずといって良いほど黒字決算で良好なはずです。銀行員として安心して融資ができると言えます。

では、次の**図15**をご覧ください。

【図15】

貸　借　対　照　表

（単位：百万円）

資　　産	前　期	負債・純資産	前　期
（流動資産）	194	（流動負債）	112
現金・預金	9	支払手形	29
受取手形・売掛金	21	買掛金	25
未収入金	10	短期借入金	30
貸倒引当金	−1	未払金	17
棚卸資産	35	未払法人税等	1
		預り金	1
		その他流動負債	9
短期貸付金	85		
その他流動資産	35		
（固定資産）	108	（固定負債）	178
有形固定資産	19	長期借入金	154
建物・構築物・機械	5	その他固定負債	24
車両運搬具・工具	4		
土地	10	（純資産）	12
無形固定資産	25	資本金	10
投資その他資産	64	利益剰余金	2
（繰延資産）	0	（繰越利益剰余金）	2
資産の部合計	302	負債・純資産合計	302

図15のような貸借対照表を銀行員は嫌います。短期貸付金が85百万円、投資その他資産が64百万円という点が原因です。短期貸付金や投資等は、少なくとも直接には事業との関係が薄い資産です。このような事業との関係が薄い資産のことを雑資産などと呼んでいますが、多くの場合雑資

産は収益をもたらしません。現金として回収不能なことも少なくなく、資金が固定化してしまいがちです。雑資産に多額の資金が投入されている会社の場合には、資金繰りが苦しいことが少なくありません。

銀行の融資は、事業に関わる需要に使用されることを前提としています。そのため、雑資産が多い場合、銀行員は「融資をしても、それがまた貸付金に回るのではないか」などと考えてしまい、新規の融資には極めて消極的な姿勢をとります。

貸借対照表の資産項目をみて、どのようなところに資金が使用されているのかを銀行員は注意深く観察しています。

4 利益水準の推移

図16をご覧ください。

【図16】

損　益　計　算　書

（単位：百万円）

科　目	前々期	前期
Ⅰ　売上高	789	795
売上原価	237	239
Ⅱ　売上総利益	552	557
販売費及び一般管理費	376	385
Ⅲ　営業利益	176	172
営業外収益	4	1
受取利息・配当金	1	1
その他	3	0
営業外費用	16	15
支払利息割引料	15	14
その他	1	1

Ⅳ　経常利益	164	158
特別損益	0	0
Ⅴ　税引前当期純利益	164	158
法人税等	49	47
Ⅵ　当期純利益	115	110

損益計算書を見るとまずは順調な業績と言えるでしょう。

利益水準も高く銀行としてのこの会社の資金需要には積極的に検討したいと考えるでしょう。

では、次の**図17**をご覧ください。

【図17】

損　益　計　算　書

（単位：百万円）

科　　目	前々期	前期
Ⅰ　売上高	789	795
売上原価	237	239
Ⅱ　売上総利益	552	557
販売費及び一般管理費	536	540
Ⅲ　営業利益	16	17
営業外収益	2	1
受取利息・配当金	1	1
その他	1	0
営業外費用	16	17
支払利息割引料	15	16
その他	1	1
Ⅳ　経常利益	2.3	0.5
特別損益	0	0

Ⅴ　税引前当期純利益	2	1
法人税等	1	0
Ⅵ　当期純利益	2	0

図16の比べて売上は同じですが、利益水準がかなり低いです。特に、前期は500千円の経常利益でした。銀行は、もしかしたら本当は赤字であるが、銀行には赤字決算は提出できないので、決算を調整してとにかく黒字にしたのではないかと考えます。つまり、実態は赤字決算と捉えるのです。

5 まとめ

その他にも、銀行員は様々な切り口から決算書を眺めていますが、ポイントは今までにご紹介してきたところです。ポイントを見ることで、銀行員はその会社の性格をおおまかに把握しています。黒字か赤字かだけではなく、そもそも信頼でき、つきあいたいと感じる会社か、そうでないかを把握するのです。

よく「赤字決算だと銀行は融資してくれない」という声を聞きます。銀行の融資現場の感覚からすると、赤字決算だからという理由だけで融資をしないのではありません。数期連続大幅赤字であっても、融資を実行している事例は数え切れません。

銀行員は、損益計算書から単に赤字か黒字かを見ているだけではなく、過去からのトレンドを見ています。特に売上高の推移です。売上高が増加傾向にあるのか、横ばいなのか、あるいは減少傾向なのかを見て、融資先の趨勢を読み取っているのです。

そして貸借対照表では、その会社の「性格」を見ています。資産項目はほとんど事業に関わるものばかりであれば、この融資先は事業に熱心で信頼できると考えられます。一方、資産項目の中に事業に関わり合いのない項目が多数かつ多額に計上されていれば、その融資先は残念ながら信頼はできないと考えます。

貸借対照表で融資先の資質を見て、損益計算書で融資先の趨勢を見ています。これが銀行員の決算書の見方の集約です。

融資案件事例集

 売上増に伴う運転資金

売上増加に伴う運転資金融資は、銀行として比較的取り組みやすい案件です。売上が増加しているということは、基本的に業容が拡大し業績もプラスになることが多いですから、これに伴い融資先の信用力も増加すると考えられます。融資を伸ばしたいと考えている銀行としては、売上が増加している取引先はもっとも提案がしやすい状況なのです。

もっとも、売上が増加していれば青天井に銀行が融資の提案をするのかと言えば必ずしもそうではありません。バルブ経済期のようにほとんど青天井で融資を伸ばそうとしていた時代とは異なり、銀行は適切な与信運営を心がけています。したがって、売上増加に伴う運転資金融資においても単に飛びついてなるべく多く融資をしようとするのではなく、**必要な運転資金の範囲内で融資を検討するというのが原則**となっています。

次の図18および図19をご覧ください。

【図18】

損　益　計　算　書

（単位：百万円）

科　　目	前々期	前　期
Ⅰ　売上高	467	537
売上原価	280	322
Ⅱ　売上総利益	187	215
販売費及び一般管理費	147	158
社員給与	75	81
役員報酬	25	25
福利厚生費	11	12
旅費交通費	8	9
通信費	5	6
租税公課	5	5
減価償却費	7	7

販売手数料	3	4
その他固定費	8	9
Ⅲ 営業利益	40	57
営業外収益	2	2
受取利息・配当金	1	1
その他	1	1
営業外費用	6	7
支払利息割引料	4	5
その他	2	2
Ⅳ 経常利益	36	52
特別損益	0	1
Ⅴ 税引前当期純利益	36	53
法人税等	14	21
Ⅵ 当期純利益	21	32

【図19】

貸 借 対 照 表

（単位：百万円）

資 産	前々期	前期	負債・純資産	前々期	前期
（流動資産）	183	237	（流動負債）	96	116
現金・預金	25	53	支払手形	0	0
受取手形・売掛金	95	113	買掛金	57	67
未収入金	5	5	短期借入金	10	15
貸倒引当金	−1	−1	未払金	5	3
棚卸資産	45	53	未払法人税等	7	10
			預り金	5	7
			その他流動負債	12	14
短期貸付金	2	2			
その他流動資産	12	12			
（固定資産）	53	53	（固定負債）	75	88

有形固定資産	35	33	長期借入金	72	85
建物・構築物・機械	7	5	その他固定負債	3	3
車両運搬具・工具	4	4			
土地	24	24	（純資産）	65	86
無形固定資産	5	5	資本金	30	30
投資その他資産	13	15	利益剰余金	35	56
（繰延資産）	0	0	（繰越利益剰余金）	35	56
資産の部合計	236	290	負債・純資産合計	236	290

銀行員が増加運転資金の融資を検討するに当たっては、必要な運転資金の水準を以下の算式によって計算しています。

必要増加運転資金＝【（売掛債権回転期間＋棚卸回転期間）－買入債務回転期間】×月商増価額

① 売掛債権回転期間とは

売上が発生してから代金を現金として回収するまでの期間のことです。

売掛債権回転期間はつぎの算式によって求めることができます。

（受取手形＋割引手形＋裏書譲渡手形＋売掛金）÷平均月商

② 棚卸回転期間とは

商品を製造するための原材料や製造された製品、あるいは商品の仕入れをしてから販売されるまでの期間のことです。

棚卸回転期間はつぎの算式によって求められます。

（原材料＋仕掛品＋商品）÷平均月商

要するに月商の何ヶ月分の棚卸資産を保有しているかということです。

③ 買入債務回転期間とは

原材料や商品を仕入れて、その代金を支払うまでの期間です。簡単に言うとツケで買って、それを現金で支払うまでの期間です。

買入債務回転期間はつぎの算式によって求められます。

（買掛金＋支払手形）÷平均月商

【（売掛債権回転期間＋棚卸回転期間）－買入債務回転期間】の部分、

いわゆる立替期間は基本的に変化はないと思われますから（つまり、代金の回収条件や支払条件は大きな変動はないはずということです。）、どの程度売上が増加しているのかが必要な運転資金水準の変動要因となります。

具体的に銀行員がどのように増加運転資金額を算出しているかを説明します。

【図18】抜粋

損　益　計　算　書

（単位：百万円）

科　　目	前々期	前　期
I　売上高	467	537

前期の年商は537百万円ですから**平均月商はおよそ45百万円**（537百万円÷12ヶ月）となります。

【図19】抜粋

貸　借　対　照　表

（単位：百万円）

資　　産	前々期	前期	負債・純資産	前々期	前期
（流動資産）	183	237	（流動負債）	96	116
現金・預金	25	53	支払手形	0	0
受取手形・売掛金	95	113	買掛金	57	67
未収入金	5	5	短期借入金	10	15
貸倒引当金	−1	−1	未払金	5	3
棚卸資産	45	53	未払法人税等	7	10

図19から売掛債権回転期間と棚卸資産回転期間および買入債務回転期間を求めます。

売掛債権回転期間＝113百万円÷平均月商45百万円＝約2.51ヶ月

棚卸資産回転期間＝53百万円÷平均月商45百万円＝約1.18ヶ月

買入債務回転期間＝67百万円÷平均月商45百万円＝約1.49ヶ月

これから、**立替期間は2.51ヶ月＋1.18ヶ月－1.49ヶ月＝2.2ヶ月**となります。

次に、売上が前期比どれだけ増加していく見込みなのかを、銀行員は取引先に確認をします。仮に20％の増加見込みだとすると、**月商は前期平均月商45百万円×1.2＝54百万円となり月商増加額は９百万円**となります。

これで必要な増加運転資金が計算できる条件がすべて揃いました。

つまり必要な増加運転資金の規模は、

立替期間2.2ヶ月×月商増加額９百万円＝19.8百万円＝約20百万円

となります。

さきほど「売上増加に伴う運転資金融資においても、**必要な運転資金の範囲内で融資を検討するというのが原則**」となっていると説明しました。

したがって、今回の事例においては、20百万円以内の増加運転資金であれば銀行は比較的に融資が検討しやすいということになります。逆に、検討額（融資希望額）が20百万円を超えるものであれば、なぜそれほどまでに資金が必要なのか、他の使途に流用される懸念はないかなど慎重に審査を行うことになります。

2 売上減少時の運転資金

次は、売上が減少している場合においての運転資金案件です。実際、銀行の融資現場では、取引先から相談を受けるケースで多くの割合を占めます。

理屈では売上が減少してくると運転資金の必要性も低下し、資金需要は発生しないはずです。

先ほどの**図18**と**図19**で改めて説明します。

【図18】抜粋

損　益　計　算　書

（単位：百万円）

科　　目	前々期	前　期
Ⅰ　売上高	467	537

【図19】抜粋

貸　借　対　照　表

（単位：百万円）

資　　産	前々期	前期	負債・純資産	前々期	前期
（流動資産）	183	237	（流動負債）	96	116
現金・預金	25	53	支払手形	0	0
受取手形・売掛金	95	113	買掛金	57	67
未収入金	5	5	短期借入金	10	15
貸倒引当金	−1	−1	未払金	5	3
棚卸資産	45	53	未払法人税等	7	10
			預り金	5	7
			その他流動負債	12	14
短期貸付金	2	2			
その他流動資産	12	12			

立替期間と月商から、前期の所要運転資金を算出すると次のようにな

ります。

立替期間2.2ヶ月×前期平均月商45百万円＝99百万円

売掛債権回転期間＝113百万円÷平均月商45百万円＝約2.51ヶ月

棚卸資産回転期間＝53百万円÷平均月商45百万円＝約1.18ヶ月

買入債務回転期間＝67百万円÷平均月商45百万円＝約1.49ヶ月

これから**立替期間は2.51ヶ月＋1.18ヶ月−1.49ヶ月＝2.2ヶ月**となります。

立替期間は変わらないとして足元の売上が月商ベースで20％減少しているとすると、**足元の月商は45百万円×0.8＝36百万円**となります。

すると現在の所要運転資金は次のようになります。

立替期間2.2ヶ月×足元の月商36百万円＝79.2百万円

つまり、所要運転資金の水準は前期に比べて19.8百万円減少しています。所要運転資金が19.8百万円減少しているということは、19.8百万円の資金負担がなくなっているということです。これは資金繰りの改善につながるはずです。それにもかかわらず、運転資金が必要ということで銀行に融資の申し込みをするのはなぜでしょうか。

これは、売上の減少に伴い、それに比例して入金になる資金も減少していますから、人件費や地代家賃などに代表されるような固定費負担が増加していることになります。端的に言えば売上減少に伴い赤字要因が生じており、その資金補填に融資が必要だということなのです。ここに、売上減少の状況での融資判断に銀行が頭を抱える原因があるのです。

銀行の融資判断の行き着くポイントは、返済ができる先かどうかの見極めです。売上減少が続けば、さらに資金繰りが悪化し、返済をするどころがさらに融資が必要となってくる悪循環に陥ります。

それでは、売上減少時にもかかわらず銀行が融資に応じるケースとはどのような状況でしょうか。担保が既に十分にあるといった状況もありますが、結論としては大きく次の２つのケースです。

売上が減少しているにも関わらず銀行が融資に応じるケース
1. 今後、売上が回復する見込みがある。
2. 担保が取れて保全が改善する。

まず、売上が回復する見込みがある場合です。回収できる見込みがないまま融資を続けることは背信行為と指摘される懸念もあります。ですから、何よりも今後の売上が回復する見通しが見出せることが必須となるのです。売上回復に向けた具体策をできるだけ多く準備して、銀行に融資相談するようにしてください。売上が回復する具体的な見込みがあれば、銀行としても融資の回収可能性が高まりますから検討の土台に乗ることになります。

２つめは担保を取ることで、融資する銀行の保全が改善する場合です。次の**図20**をご覧ください。

【図20】

（単位：百万円）

与　信		保　全	
手形貸付	10		
証書貸付	25		
合　計	35	合　計	0
		無担保与信	35

（単位：百万円）

与　　信		保　　全	
手形貸付	10	不動産担保	50
証書貸付	25		
本　　件	15		
合　計	50	合　計	50
		無担保与信	0

図20は、銀行の融資稟議書において必ずと言ってよいほど使用されている与信保全状況を示した稟議資料です。

本件の追加融資をする前の段階では無担保与信が35百万円あります。今回15百万円の融資を行うにあたり、不動産担保を50百万円徴求することにより、現在の無担保与信もカバーすることができて本件後の無担保与信はゼロとなりました。つまり、保全が充足している与信状態になるわけです。追加融資の状況として不動産担保を徴求することにより、将来回収不能となっても、不動産担保の処分により貸倒損失が発生することなくその全額を回収できることになります。

無担保与信がゼロにならないまでも、追加融資を支援することにより無担保与信が改善する、つまり銀行の与信保全状況の改善が実現するのであれば、銀行は比較的前向きに融資を検討することになります。

売上減少時に、どの取引銀行に融資を相談するかということもポイントとなります。売上減少時には、取引地位が低い銀行に融資の相談をしても断られる可能性が高いです。売上減少時には大きく次の２つの銀行に融資相談することをおすすめします。

売上減少時に相談すべき取引銀行

１．主力銀行
２．売上入金口座としている取引銀行

売上減少時には、やはり主力銀行に融資を相談するのが最善です。主力銀行は、その融資先に対する一種の社会的責任を負っています。申込みを受けた主力銀行は、その融資先を支えるために融資を検討する必要にせまられるのです。現実問題として、主力銀行が支援しない取引先に対して、取引下位の銀行が融資支援に応じる可能性はほとんどありません。

そのため、主力銀行は「自分のところが支えないと、この取引先は破綻してしまう」という認識を持っていますから、可能な限り融資ができないか、ギリギリまで検討するものです。

次の選択肢としては、売上入金先の銀行が候補となります。主力銀行以外の銀行口座を売上入金先として使用している場合は、その銀行に申込みを行うことで融資が受けられる可能性が高いです。売上の入金は万が一の場合、その入金された預金を差し押さえることで融資の回収を図ることができるからです。

そういった現実的な判断もあって、売上入金先の銀行は他の銀行に比べればはるかに検討を重ねるものなのです。

3 売上の回収期間が延びているとき

売上の回収期間が長くなっている、あるいは見込んでいた入金が販売先の事情により遅れ、資金繰りがタイトになった場合の融資案件事例です。このような融資案件も少なくなく、融資希望日までゆとりがない状態で申し込みが行われることもあります。

図21と**図22**をご覧ください。

【図21】

損　益　計　算　書

（単位：百万円）

科　　目	前々期	前期
Ⅰ　売上高	342	351
売上原価	205	211
Ⅱ　売上総利益	137	140
販売費及び一般管理費	113	116
社員給与	57	58
役員報酬	25	25
福利厚生費	9	9
旅費交通費	5	5
通信費	5	5
租税公課	3	4
減価償却費	2	2
販売手数料	1	1
その他固定費	6	7
Ⅲ　営業利益	24	24
営業外収益	2	2
受取利息・配当金	1	1
その他	1	1
営業外費用	5	6
支払利息割引料	3	4

その他	2	2
Ⅳ　経常利益	21	20
特別損益	0	1
Ⅴ　税引前当期純利益	21	21
法人税等	8	9
Ⅵ　当期純利益	12	13

【図22】

貸　借　対　照　表

（単位：百万円）

資　　産	前々期	前期	負債・純資産	前々期	前期
（流動資産）	99	127	（流動負債）	39	43
現金・預金	13	21	支払手形	0	0
受取手形・売掛金	56	75	買掛金	23	24
未収入金	5	5	短期借入金	5	5
貸倒引当金	−1	−1	未払金	2	3
棚卸資産	12	13	未払法人税等	2	3
			預り金	1	1
			その他流動負債	6	7
短期貸付金	2	2			
その他流動資産	12	12			
（固定資産）	24	25	（固定負債）	68	80
有形固定資産	14	15	長期借入金	65	77
建物･構築物･機械	3	3	その他固定負債	3	3
車両運搬具・工具	1	2			
土地	10	10	（純資産）	16	29
無形固定資産	3	3	資本金	10	10
投資その他資産	7	7	利益剰余金	6	19
（繰延資産）	0	0	（繰越利益剰余金）	6	19
資産の部合計	123	152	負債・純資産合計	123	152

ここで前々期と前期の売上債権回転期間、棚卸資産回転期間、買入債務回転期間、平均月商、所要運転資金運転資金は**図23**のようになります。

【図23】

	前々期	前　期
売上債権回転期間（月）	1.96	2.56
棚卸資産回転期間（月）	0.42	0.44
買入債務回転期間（月）	0.81	0.82
平均月商（百万円）	28.5	29.3
所要運転資金（百万円）	45	64

所要運転資金は前々期の45百万円から前期は64百万円に増加しています。所要運転資金は

【(売掛債権回転期間＋棚卸資産回転期間)－買入債務回転期間】×平均月商

で求められます。

図23を見ていただくと棚卸資産資産回転期間、買入債務回転期間、平均月商はそれほど前々期と前期で大きな変動はありません。これに比べて、売掛債権回転期間が1.96ヶ月から2.56ヶ月と長期化しているのが目につきます。所要運転資金が前々期の45百万円から前期の64百万円に増加している要因は、この売掛債権回転期間の長期化と言えます。この事例のように、**売掛債権回転期間の長期化により所要運転資金が増加し資金繰りを圧迫する融資案件は、銀行として歓迎するような事例ではありません。**売上先からの入金が遅れる事例も、この売掛債権回転期間の長期化と性質はまったく同じです。

その理由の主なものは次のとおりです。

(1)　危ない会社とつきあっていないか

販売先の資金繰りが悪いため、回収までの時間がかかっているのでは

ないか、最悪売上が回収できないことが起こり得るのではないかということです。

銀行の融資業務が、貸すだけではなく最後まで回収することで初めて終了することと同じように、単に物やサービスを販売するだけでなく代金をきちんと回収することで初めて売上が完結するはずです。

また、資金繰りというのものは、短期間に改善するものではないはずです。特定の販売先からの回収の遅れが、たとえ数日間で解消したとしても、同様のことが再び起こる可能性はあります。そのような販売先が多ければ、自身の資金繰りの安定にはつながりません。資金繰りが不安定であれば、自ずと融資の返済にも支障が生じてきます。

(2)　販売先とトラブルになっていないか

例えば、品質について販売先からクレームをつきつけられ、販売先が代金の支払を拒んでいるのではないか、請け負った工事に不手際等があり代金の支払いが受けられないのではないか――など、理由は様々でしょうが、代金の支払いが受けられなければこれも当然資金繰りが不安定になります。

(3)　無理な販売をしていないか

売上を確保するために、回収条件を大幅に相手方に譲歩して、不利な条件で販売を行っていないかということです。

回収条件を譲歩してまで販売や受注を確保したいという背景には、以前から取引を目指していた大手の優良企業とようやく取引が開始することになったというような、比較的前向きなものもあります。

しかし、多くの場合は、売上が減少傾向にあり、それを歯止めにかけるために無理して販売などを行っているケースです。販売先の望む支払条件をそのまま受け入れることで代金の回収期間が長い取引をすることになり、資金繰りを圧迫することにつながります。

(4)　売掛金に焦げ付きが発生していないか

売掛債権の中に、もう回収に見込みがない債権がそのまま含まれていることがあります。いつまで経っても回収されませんから、ずっと売掛債権として計上されることになり、それが売掛債権回転期間の長期化として現れてきます。

図24をご覧ください。

【図24】

（単位：百万円）

	1期	2期	3期
平均月商	25	23	20
通常の売掛債権	50	46	40
焦付債権	30	30	30
売掛債権合計	80	76	70
売掛債権回転期間	3.20	3.30	3.50

図24の会社の平均の回収期間を２ヶ月とします。すると、売掛債権回転期間は理論上は２ヶ月となります。しかし、焦げ付いている売掛債権はいつまで経っても回収されませんから、ずっと計上されたままになります。**図24**のように、売上が減少傾向にある時には、特に売掛債権回転期間が年々長くなることが明確に出てきます。

実際、銀行の融資現場においても年々売掛債権回転期間が長くなっている融資先があり、質問を重ねていくと焦げ付いた債権が内包されていることが少なくありません。こういった事態にある時には、率直に銀行に説明することをおすすめします。理解できないと、銀行としても踏み込んだ判断ができなくなり、結果として融資が出ないことや、希望額には届かない融資額に止まってしまいがちです。

(5)　架空の売上を計上していないか

売上が減少していることを隠すなどの目的のために、架空の売上を計上するケースがあります。これ自体、そもそも粉飾決算なのですが、架空の売上を計上するために、それこそ架空の売掛債権を計上することがあります。こうなると⑷の事例と同じように、いつまで経っても回収されない売掛債権が残ることになります。

このように、売掛債権回転期間が長くなる事例は何かしらマイナスの面が多々あります。当然、銀行の融資姿勢は慎重になります。

しかしながら、売上回収までの期間が長くなる（焦付債権の存在が原因であることも含む。）と資金繰りが厳しくなるのは事実です。

そういった場合の銀行への説明ポイントしては、

①　どの販売先との取引において

②　今までの回収条件がどのように変わったのか

③　そして変わった理由は何か

を明確に銀行担当者に伝えてください。

例えば「うちの販売先にA社があります。今までは納品後、月末締めの翌月末払いであったのが、来月から月末締めの翌々月末払いに変わります。A社から新たに商品・製品の検収期間として１ヶ月設けるとの連絡があったためです。うちは困るのですが、A社はうちの主要な販売先ですから、従前同様に販売するためにはA社からの申し出を受けざるを得ないのです」といった感じです。

説明を受けた銀行担当者は、A社が同じ銀行の他の支店と取引があればその支店に、取引がなければA社の取引銀行に信用照会をしたり、民間の調査会社へ照会したりして、A社の信用状態を調べ、信用状態に問題がなければ、運転資金融資に向けて稟議手続を行うことになります。

4 所要運転資金を超えた運転資金の申し込み

運転資金の申し込みを受けた時、銀行では、今回の運転資金の申し込み金額が所要運転資金の範囲内かどうかを必ず検証しています。

図25をご覧ください。

【図25】

貸　借　対　照　表

（単位：百万円）

資　　産	前々期	前期	負債・純資産	前々期	前期
（流動資産）	183	220	（流動負債）	132	155
現金・預金	25	53	支払手形	25	31
受取手形・売掛金	95	101	買掛金	68	75
未収入金	5	5	短期借入金	10	15
貸倒引当金	−1	−1	未払金	5	3
棚卸資産	45	48	未払法人税等	7	10
			預り金	5	7
			その他流動負債	12	14
短期貸付金	2	2			
その他流動資産	12	12			
（固定資産）	39	37	（固定負債）	69	78
有形固定資産	26	24	長期借入金	66	75
建物・構築物・機械	7	5	その他固定負債	3	3
車両運搬具・工具	4	4			
土地	15	15	（純資産）	21	24
無形固定資産	5	5	資本金	10	10
投資その他資産	8	8	利益剰余金	11	14
（繰延資産）	0	0	（繰越利益剰余金）	11	14
資産の部合計	222	257	負債・純資産合計	222	257

所要運転資金を簡略的に求める計算式は、次のとおりです。

所要運転資金＝売上債権＋棚卸資産－買入債務

図25の前期では次のようになります。

所要運転資金＝101百万円＋48百万円－31百万円－75百万円
＝43百万円

前期ベースでは、この会社は43百万円の運転資金が必要な財務体質だということになります。そして、仮に銀行は、この会社に30百万円の運転資金の融資を実行しているとします。

この状態で、今回20百万円の運転資金申し込みがありました。銀行はどう考えるでしょうか。今回、仮に20百万円の運転資金融資を実行すると融資残高は50百万円となります。これは、この会社の所要運転資金を超過しています。したがって、超過している７百万円（50百万円－43百万円）は運転資金ではなく、別の使途で利用されるということになります。このため、銀行は慎重な姿勢をとるのが原則です。

足元の売上が増加しているなど、増加運転資金需要が発生している場合には、その増加需要に利用されると考えることができます。しかし、売上が横ばいである場合や、逆に減少傾向にある場合には、何に使うのかを明確にしておくことがポイントとなります。

ただし、上記例はあくまでも原則であって、実際には所要運転資金を超える運転資金の融資を行うことは、決して少なくありません。

その理由の１つは、運転資金の必要額というのは常に変動しているからです。例えば、売上が増加すれば、所要運転資金は増加します。**図25**の決算書で求めた所要運転資金の金額は、あくまでも決算時点の数字、つまり過去の数字なのです。その過去の数字を参考にしながら足元の業績を確認し、銀行は運転資金融資の可否を判断しているのです。

また、運転資金は月中でも変化します。売上の入金が月末だとして、一方で材料費の支払いが毎月15日だとすると、一時的にせよ15日の資金繰りが非常にタイトになることがあるはずです。この資金繰りの凸凹に対応するためには、ある程度、手元資金に余裕を持たせておくことも必要でしょう。そのため、「資金繰りの安定のために手元資金の水準を上げておく」という観点で、銀行が運転資金融資を行うことも決して少なくないのです。

5 飲食業者、不動産業者に対する運転資金

(1) 飲食業者に対する運転資金

銀行は、飲食業者に対しての運転資金融資には慎重姿勢です。なぜなら、飲食業というのは基本的に現金商売であり、運転資金が不要の業種だからです。運転資金とは、掛け売りなど売上金の回収が仕入代金等の支払時期よりも後になる場合に必要となる事業資金です。現金商売であれば売上金はすぐに回収となりますから、仕入代金等の支払は回収した売上金で対応することができるはずです。つまり、資金の立替が発生しないのです。

次の**図26**をご覧ください。ある飲食業の貸借対照表です。

【図26】

貸　借　対　照　表

（単位：百万円）

資　　産	前々期	前期	負債・純資産	前々期	前期
（流動資産）	16	14	（流動負債）	11	9
現金・預金	11	8	支払手形	0	0
受取手形・売掛金	1	1	買掛金	0	0
未収入金	1	1	短期借入金	3	4
貸倒引当金	0	0	未払金	3	3
棚卸資産	1	1	未払法人税等	1	0
			預り金	1	0
			その他流動負債	3	2
短期貸付金	0	0			
その他流動資産	2	3			
（固定資産）	15	16	（固定負債）	13	15
有形固定資産	6	6	長期借入金	10	12
建物・構築物・機械	5	5	その他固定負債	3	3
車両運搬具・工具	1	1			

土地	0	0	（純資産）	7	6
無形固定資産	1	1	資本金	5	5
投資その他資産	8	9	利益剰余金	2	1
（繰延資産）	0	0	（繰越利益剰余金）	2	1
資産の部合計	31	30	負債・純資産合計	31	30

ご覧のように、運転資金が必要となる売掛金や棚卸資産がほとんどありません。現金商売ですから、基本的に売掛債権は発生しません。また、飲食業という特徴から棚卸資産もほとんどありません。要するに運転資金が不要な財務体質なのです。

現金商売であるにもかかわらず、運転資金が必要となる大半のケースは赤字の補填です。人件費や家賃などの固定費を賄うことができない、つまり赤字のため資金不足に陥ってしまい、その補填に銀行に融資を申し込むケースです。そのため、飲食業などの現金商売の先から運転資金の申し込みがあった時には、銀行としては真っ先に赤字の補填が頭に浮かび、とにかく慎重な姿勢になるのです。

商売繁盛に伴い従業員を増やす、売上増加のために広告を行うなど、明確な使途があるのであれば、そのことをしっかりと銀行に伝えて運転資金の申し込みを行ってください。

(2)　不動産業者に対する運転資金

飲食業と同じ現金商売の業種として、不動産管理業や不動産仲介業、不動産売買業があります。

ここでは総称して不動産業と呼ばせていただきますが、不動産業からの運転資金申し込みに対しても飲食業と同じことが言えますので、基本的に銀行はネガティブな反応です。

もう１つ、銀行が不動産業者に対する運転資金を敬遠する理由があります。それは、運転資金をプロジェクトなどの他の目的に流用される懸念が強いからです。

土地を仕入れて、それを住宅用として分譲販売する、あるいは中古マンションを仕入れて、それをリフォームし、やはり住宅用として販売する場合、最初の土地や中古マンションの仕入資金の需要が発生します。これに対し、銀行がプロジェクト資金として融資を検討することは十分に可能です。プロジェクトを特定した上で、融資対応するのが銀行の原則的な対応です。融資したプロジェクトの物件が売却できれば、その売却資金でもって対応するプロジェクト融資を回収するスキームです。

ところが、運転資金はプロジェクトを特定した融資ではありません。結果として、どのプロジェクトに使用されたのかわからなくなり、回収原資も不明瞭になります。このようなこともあり、銀行は不動産業者に対する運転資金融資には慎重なのです。

 売上回収の遅延に伴う資金繰り支援

【図27】

資　金　繰　り　表

（単位：百万円）

	1月	2月	3月	4月	5月	6月	7月	8月	9月	10月	11月	12月
現金収入	28	30	3	28	50	28	30	28	35	30	30	40
手形期日入金	20	18	15	14	18	19	18	19	20	18	17	25
その他入金	1	1	1	1	1	1	1	1	1	1	1	1
営業収入計	49	49	19	43	69	48	49	48	56	49	48	66
現金支払	15	17	25	18	15	15	15	14	18	16	15	20
支払手形期日支払	10	11	18	15	15	15	15	15	20	15	15	20
人件費	10	10	10	10	10	10	10	10	10	10	10	10
家　賃	1	1	1	1	1	1	1	1	1	1	1	1
その他支払	1	1	1	1	1	1	1	1	1	1	1	1
営業支出計	37	40	55	45	42	42	42	41	50	43	42	52
経常収支	12	9	−36	−2	27	6	7	7	6	6	6	14
借入金返済	3	3	3	3	3	3	3	3	3	3	3	3
借入金収入												
財務収支	−3	−3	−3	−3	−3	−3	−3	−3	−3	−3	−3	−3
総合収支	9	6	−39	−5	24	3	4	4	3	3	3	11
手元資金残高	19	25	−14	−19	5	8	12	16	19	22	25	36

図27の資金繰り表は、売上回収の遅延に伴う融資相談事例において、取引先より提出されたものです。

３月の現金入金が３百万円と、その他の月に比べて極端に少なくなっています。取引先の１つである販売先からの入金予定額25百万円が遅れるために、このようになったものです。25百万円の入金が遅延することにより、３月の手元資金残はマイナスとなっています。つまり、資金がショートしてしまうのです。

売上回収の遅延による資金繰り支援は、銀行が悩む融資案件の１つで

す。予定していた売上金の入金が売上先の都合等で予定日より遅れることで、資金繰りに支障を来すことがあります。そのような場合、手元資金等で対応できるのであれば良いのですが、そうでない場合にはそのまま放置すると資金繰りがショートとし、最悪は倒産に至ってしまいます。したがって、何としても資金繰りを確保する必要がありますが、その場合の方策の１つとして、銀行からの融資を受けることが考えられるわけです。

しかし、融資相談を受ける銀行側からすると、入金遅れによる融資は前向きな要因ではないため、慎重なスタンスで検討をすることになります。**もっとも銀行が気にするポイントしては、遅れた売上入金が本当に今後入金となるのか、入金になるとしてそれはいつなのかという点です。**さらに、なぜ入金が遅れたのか、その理由も明確にしておきたいところです。そして最悪、その入金が今後も見込めないとした場合、業績に与える影響はどの程度なのかも、銀行の融資可否判断のポイントとなります。

本件のような売上入金遅延による資金繰り支援融資は、通常よりも判断に時間を要します。売上入金が遅れそうだということは前もってわかることあるでしょうが、時間的に切迫した時点で判明することが多いでしょう。もしそのような事態に遭遇した場合には、１日でも早く銀行に相談してください。また、このような事情による融資案件の場合には、日頃より取引が深い主力銀行や、売上入金の指定口座の銀行に相談されることをおすすめします。

 債務超過先への運転資金の融資

【図28】

貸　借　対　照　表

（単位：百万円）

資　　産	前々期	前期	負債・純資産	前々期	前期
（流動資産）	98	99	（流動負債）	117	126
現金・預金	10	9	支払手形	0	0
受取手形・売掛金	24	25	買掛金	43	44
未収入金	5	6	短期借入金	35	40
貸倒引当金	−1	−1	未払金	19	22
棚卸資産	35	34	未払法人税等	0	0
			預り金	1	2
			その他流動負債	19	18
短期貸付金	15	17			
その他流動資産	10	9			
（固定資産）	46	47	（固定負債）	68	85
有形固定資産	37	39	長期借入金	67	84
建物･構築物･機械	23	24	その他固定負債	1	1
車両運搬具・工具	5	6			
土地	9	9	（純資産）	−41	−65
無形固定資産	1	1	資本金	10	10
投資その他資産	8	7	利益剰余金	−51	−75
（繰延資産）	0	0	（繰越利益剰余金）	−51	−75
資産の部合計	144	146	負債・純資産合計	144	146

図28の貸借対照表の純資産はマイナスとなっています。いわゆる債務超過の状態です。

債務超過の会社からの融資申し込みは、正直申し上げて銀行としては非常に厳しいものがあります。なぜなら、様々な経緯はあるものの、**債**

務超過というのはその会社が設立されてから現在に至るまでの間に累積して赤字であったということです。簡単に申し上げれば、赤字体質の会社ということです。融資の返済は利益によって行われるものですから、この利益が赤字であるということは融資の返済ができないということです。

銀行として、融資判断が非常に厳しい案件であることは、おわかりいただけると思います。したがって、債務超過の先に銀行が融資をする条件としては主に次の２点です。

債務超過の先に銀行が融資する条件
①　担保などの十分な保全が確保されること。
②　債務超過解消の見通しが明確であること。

まず①の担保などの十分な保全が確保される案件であれば、債務超過先であっても銀行の融資姿勢のハードルは下がります。融資が確実に回収できるような保全策を十分に講じた上での対応でないと、安心して融資ができないのです。

次に②の債務超過解消の見通しが明確であることです。これは債務超過の会社に十分な保全がない状態にあっても、銀行が融資を検討する例外的な条件です。現時点では債務超過であるものの、ここ数年は安定して利益が確保されており、このままの水準で推移すればあと２、３年程度で債務超過が解消できると考えられる場合です。このような場合には、銀行は債務超過だからという理由で頑なに融資を断ることはなく、今後の業績推移を十分に検証した上で、債務超過解消の蓋然性が高いと考えらえる場合には、比較的前向きに融資に応じます。

工事代金回収までのつなぎ資金の融資

【図29】

資　金　繰　り　表

（単位：百万円）

	1月	2月	3月	4月	5月	6月	7月	8月	9月	10月	11月	12月
現金収入	2	1	2	3	1	2	50	5	4	7	5	10
手形期日入金	0	0	0	0	0	0	0	0	0	0	0	0
その他入金	0	0	0	0	0	0	0	0	0	0	0	0
営業収入計	2	1	2	3	1	2	50	5	4	7	5	10
現金支払	9	8	8	2	1	1	1	1	1	2	2	1
支払手形期日支払	0	0	0	0	0	0	0	0	0	0	0	0
人件費	4	4	4	4	4	4	4	4	4	4	4	4
家　賃	1	1	1	1	1	1	1	1	1	1	1	1
その他支払	1	1	1	1	1	1	1	1	1	1	1	1
営業支出計	15	14	14	8	7	7	7	7	7	8	8	7
経常収支	－13	－13	－12	－5	－6	－5	43	－2	－3	－1	－3	3
借入金返済	1	1	1	1	1	1	31	1	1	1	1	1
借入金収入	40											
財務収支	39	－1	－1	－1	－1	－1	－31	－1	－1	－1	－1	－1
総合収支	26	－14	－13	－6	－7	－6	12	－3	－4	－2	－4	2
手元資金残高	50	36	23	17	10	4	16	13	9	7	3	5

工事を受注し、代金回収までの支払い、例えば外注費、人件費、材料費などの立替資金を代金回収までのつなぎ資金として融資することがしばしばあります。

図29の資金繰り表を見ると、７月に売上入金が50百万円予定されています。つまり、50百万円の工事受注を行い、その代金は７月に受け取る予定となっています。当然のことながら、この工事を施工するには上述のように外注費や人件費、材料費の支払いが発生しますが、代金の受け

取りは7月であるため、この間の資金の負担が発生します。この資金の負担に対して、工事代金の回収による返済を条件に、つなぎ資金として銀行は融資支援するのです。

工事代金回収までの材料費や人件費などの資金に対して銀行に融資の相談をする際には、資金繰り表を含めて次の資料を準備しておいてください。

工事つなぎ資金相談時に準備しておきたい書類

・最近の試算表
・対応する工事の請負契約書
・資金繰り予定表

工事つなぎ資金融資と言えども足元の業況確認か欠かせません。できるだけ直近の試算表は準備してください。そして、融資の対象となる工事請負契約書は必須の資料です。この契約書にて、銀行は請負代金の金額水準や回収条件を確認します。契約書上に工事代金の回収条件が具体的に記載されていないケースが散見されますが、ここは別途の補足書類で構いませんので準備をしてください。この回収条件は、銀行としては融資の返済条件に該当する重要な部分ですので、必要です。

そして、最後に資金繰りの予定表です。この資金繰りの予定表にて、つなぎ資金の融資により代金回収までの資金繰りに支障がないことや、代金回収により融資の返済が可能であることを確認しています。銀行としては、工事つなぎ資金の融資は、あくまでも代金回収までの資金繰りを安定させるために対応するものです。つなぎ融資をしても、他の要因で資金繰りが回らない状態であったり、代金回収になってもそれが融資の返済に不十分な資金状態であっては困るのです。これらのことを確認するために、資金繰りの予定表を提出いただくのです。

なお、肝心なことですが、この代金回収は必ず融資をする銀行の預金口座を指定していただかなければなりません。この代金は、つなぎ資金融資の返済原資となります。それが他の銀行口座に入金となることは、融資する銀行としては到底受け入れられません。返済原資が他の銀行口座に入金となり、それが融資の返済に充当されずに他の使途に流用されるようなことがあっては目も当てられなくなります。**融資を受ける銀行の預金口座に入金指定をする、これは絶対条件です。**

もう１つ、工事つなぎ資金で紹介しておく点があります。それは、銀行としても融資がしやすいということです。つなぎ資金という性格上、融資期間は一時的な短期間であることが通常であるため、**「長期の融資は難しいが短期に回収になるのであれば……」**という判断です。十分に融資をしており、これ以上の融資は難しい状態であっても、短期つなぎ資金であれば対応するということはしばしばあることです。「銀行からはもうかなり融資を受けているので、これ以上は無理」とは考えずに、つなぎ資金であれば対応可能な場合がありますから相談してみてください。

9 借入金返済のための融資

「借入金の返済額が多く、そのために運転資金が足りなくなる。しかし、手元の資金を運転資金に回してしまえば、今度は借入金の返済ができなくなってしまう……。」

「借入の返済のための融資など銀行がしてくれるはずがない……。」

「以前に借りた融資がまだ終わらないうちに新たな借入をお願いするのは無理に決まっている……。」

このような悩みやご相談は、よくあるケースです。そして、実際、借入の返済のためであることをわかっていながらも、銀行は融資を行っています。

リスケ、つまり返済を猶予してもらうといった方法もありますが、一度リスケを行うと今後正常な融資取引に戻ることが難しくなるなど、リスケには大きなデメリットがあります。そのため、リスケは最後の手段として温存し、不足部分に対し追加の融資を受けて資金繰りを維持することが多くの企業で行われているのです。

次の**図30**の資金繰り表をご覧ください。

【図30】

資 金 繰 り 表

(単位：百万円)

	1月	2月	3月	4月	5月	6月	7月	8月	9月	10月	11月	12月
現金収入	30	29	33	35	34	35	33	30	35	34	37	40
手形期日入金	12	13	12	15	14	13	12	10	15	12	12	16
その他入金	1	1	1	1	1	1	1	1	1	1	1	1
営業収入計	43	43	46	51	49	49	46	41	51	47	50	57
現金支払	18	17	18	22	20	19	18	15	23	18	20	23
支払手形期日支払	5	7	9	10	8	7	5	5	10	9	8	11
人件費	12	12	12	12	12	12	12	12	12	12	12	12
家　賃	1	1	1	1	1	1	1	1	1	1	1	1

その他支払	1	1	1	1	1	1	1	1	1	1	1	1
営業支出計	37	38	41	46	42	40	37	34	47	41	42	48
経常収支	6	5	5	5	7	9	9	7	4	6	8	9
借入金返済	15	15	15	15	15	15	15	15	15	15	15	15
借入金収入			30					40				
財務収支	－15	－15	15	－15	－15	－15	－15	25	－15	－15	－15	－15
総合収支	－9	－10	20	－10	－8	－6	－6	32	－11	－9	－7	－6
手元資金残高	25	15	35	25	17	11	5	37	26	17	10	4

経常収支は毎月プラスとなっています。事業から生じる収入つまり営業収入は、事業活動に伴う発生する支出つまり営業支出を上回っており、事業活動に伴う資金繰りは健全だと言えます。経常収支がプラスだということは、損益面も問題ないと言えるでしょう。

ところが、借入金の返済が毎月15百万円あります。経常収支はプラスだとはいうものの、借入金の返済15百万円には届いていないため、総合収支はマイナスとなっています。

要するに、儲かってはいるものの、返済負担が重いために資金繰りが毎月マイナスになっているのがこの会社の状態です。毎月資金繰りがマイナスであれば、そのうち手元資金が底をついて資金繰りがショートをしてしまいますから、どこかのタイミングで銀行から融資を受けて資金繰りを維持しなければなりません。

この会社の場合には、３月と８月にそれぞれ30百万円、40百万円の借入を受けて資金繰りを維持する計画です。では、計画通りに３月と８月に銀行から借入が受けられるかどうかですが、そもそも運転資金は多くの場合、常に一定の水準が必要です。その一定の水準を満たす、あるいは維持するために銀行から運転資金の融資を受けています。そして、その融資の返済に資金を回すとすると、今度は運転資金がタイトになったり不足したりします。どちらが先かという議論もありますが、ともかく企業は事業を維持するための運転資金は常に必要なわけですから、銀行は以前に運転資金として融資したものがまだ残っている段階でも、追加の融資には応じるのです。銀行としても、返済だけが進めばその会社に対する融資残高が減少していくわけですから、その会社の業績に問題がなければ融資の復元などといって追加の融資は応じやすいのです。

もっとも、このような事例においては、取引銀行毎に今後１年間の年間返済額相当の融資をそれぞれに相談することが王道です。返済による運転資金の不足部分を追加融資にて対応するわけですから、上記の理屈はおわかりいただけると思います。

ただし、ある銀行だけ融資に応じても、他の銀行が融資に応じなければやはり取引先の資金繰りは回らなくなります。したがって、各銀行ともそれぞれの銀行が応分の融資に応じることで、一定の安心感を得ることができるのです。

銀行に相談する際には、**図30**のような今後の資金繰り予定表を準備をして、借入が必要な時期を含めて相談することをおすすめします。銀行としてもいつ資金が必要なのか、つまりいつまでに融資を行わないといけないのが明確になりますから、しっかりと検討・準備をすることができます。

ポイント

借入金返済のための融資相談ポイント

・向こう１年間の返済相当分をまずは融資相談すること。
・取引銀行毎に上記の融資相談をすること。

⑩ 手元資金積み上げのための融資

今すぐに資金は必要ないけれども、今後必要になるかもしれないので今のうちに手元の資金を厚くしておきたい、予定していた入金が遅れた場合など、万が一に備えて手元資金を厚めにしておきたい、というニーズはあるはずです。経営は資金繰りが重要ですから、今後の万が一に備えて資金量を高めておきたいというニーズは自然なことです。

銀行としても、このようなニーズに対応して手元資金を高めることを目的に運転資金として融資することは可能です。

次の**図31**は、今後に備えて手元資金を厚くしておきたい会社より提出を受けた、資金繰りの今後の予定表です。

【図31】

資　金　繰　り　表

（単位：百万円）

	1月	2月	3月	4月	5月	6月	7月	8月	9月	10月	11月	12月
現金収入	25	28	27	26	28	29	28	26	28	29	28	30
手形期日入金	5	7	6	5	7	7	7	6	6	6	6	9
その他入金	1	1	1	1	1	1	1	1	1	1	1	1
営業収入計	31	36	34	32	36	37	36	33	35	36	35	40
現金支払	13	14	14	13	14	15	14	13	14	13	14	17
支払手形期日支払	5	5	6	5	6	7	6	5	6	6	5	8
人件費	8	8	8	8	8	8	8	8	8	8	8	8
家賃	1	1	1	1	1	1	1	1	1	1	1	1
その他支払	1	1	1	1	1	1	1	1	1	1	1	1
営業支出計	28	29	30	28	30	32	30	28	30	29	29	35
経常収支	3	7	4	4	6	5	6	5	5	7	6	5
借入金返済	5	5	5	5	5	5	5	5	5	5	5	5
借入金収入												
財務収支	−5	−5	−5	−5	−5	−5	−5	−5	−5	−5	−5	−5

総合収支	−2	2	−1	−1	1	0	1	0	0	2	1	0
手元資金残高	8	10	9	8	9	9	10	10	10	12	13	13

この資金繰り表をみると、経常収支はほぼ毎月５、６百万円ほどで安定してプラスになっています。また、現在の借入金の返済を考慮しても総合収支が大きくマイナスになることもなく、その結果、手元資金が底をつくようなこともありません。

もっとも、手元資金水準は決して高いとは言えません。年の前半はほぼ８百万円とか９百万円が手元に残る資金量となっています。毎月売上の回収は、現金回収で30百万円弱が予定されていますが、もし販売先からの要請で支払いを少し待つ場合や、何らかの理由で回収がずれることになった場合、その水準によっては手元資金残高が底をつく懸念があります。この会社からすれば、安心できる手元資金量とは言えないでしょう。

このような場合に、銀行は手元資金水準を積み上げて資金繰りの安定を図ることを目的とした融資を検討するのです。ただし、銀行としては少なくとも現時点では必要のない資金を融資するわけですから、**なぜその資金が必要ななのか、その「立て付け」が必要です。**よくある事例としては、「足元の受注見通しが増加傾向にあり、今後売上が増加する見込みがあるため、増加運転資金として支援する」といったものです。

一方、融資後に**銀行が困る事例としては、融資を受けたことによって資金繰りに余裕ができたため、それを将来に備えて手元に温存しておかないで、別のことに使ってしまうといったケースです。**例えば、株式を購入したり、代表者や従業員に貸し付けたりすることです。これは、銀行としては資金使途の違反ですから看過することができません。日頃からの付き合いで、そのようなことをする可能性のある取引先には、どれだけ今後のためと言われても素直に信用することはできませんから、融資には慎重になります。

また、決算書の貸借対照表の資産項目に投融資の残高が多い取引先に対しても上記のような心配が残りますから、融資には慎重にならざるを得ません。ここは取引信義の問題です。**万が一、投融資に融資資金を投入するようなことが直接にせよ間接にせよ判明した場合には、今後本当に資金が必要となっても融資が受けられない可能性が高まりますので注意が必要です。**

11 取引振を根拠にした融資

取引振とは、預金口座の平均残高や、売上入金、支払いなどに預金口座をどのくらい利用しているかといったことです。

【図32】

損益計算書

（単位：百万円）

科目	前々期	前期
Ⅰ　売上高	580	575
売上原価	348	345
Ⅱ　売上総利益	232	230
販売費及び一般管理費	221	219
Ⅲ　営業利益	11	11
営業外収益	2	2
受取利息・配当金	1	1
その他	1	1
営業外費用	12	15
支払利息割引料	10	13
その他	2	2
Ⅳ　経常利益	1	−2
特別損益	0	0
Ⅴ　税引前当期純利益	1	−2
法人税等	0	0
Ⅵ　当期純利益	1	−2

図32の損益計算書は、ある卸売業の会社のものです。当行が主力銀行であり、既に相応の融資を実行しています。

前期は前々期比売上が減少し、赤字決算になりました。実は、この会社は５年ほど前から年々売上が低下してきており、前期にとうとう赤字に転落してしまったのです。

売上減少に伴いこの会社の資金繰りはタイトになってきており、今回当面の資金繰り確保のために融資の申し出がありました。

現在の与信保全バランスは次のようになっています。

【図33】与信保全バランス

（単位：百万円）

与　　信		保　　全	
手形貸付	100	保 証 協 会	80
証書貸付	96	不動産担保	20
合　計	196	合　計	100
無担保与信			96

保証協会の保証付の融資や不動産の担保設定により一定の保全を取っていますが、年々の売上減少に伴う資金繰り安定のための融資を複数回対応してきたため、現在では96百万円は無担保扱いの融資になっています。

このような状態の中で、今回は30百万円の融資申し出がありました。売上の低下傾向、赤字決算の状況からして、銀行としてはこれ以上の無担保与信を拡大することは困難です。何らかの保全の確保を前提とした融資検討になるのが一般的でしょう。しかし、ある事柄を拠り所として融資を実行しました。その拠り所とは取引振です。

図34はこの会社の当行預金量の推移です。

【図34】預金平均残高

（単位：百万円）

	1月	2月	3月	4月	5月	6月
流動性預金	8	8	7	6	5	5
固定性預金	100	100	100	100	100	100
合　計	108	108	107	106	105	105

当座預金や普通預金に代表される流動性預金の平均残高は、業績の低

迷から低下傾向にあります。一方で固定性預金、つまり定期預金は解約されることなく現在でも１億円の水準です。この定期預金は、現在のところ正式担保としては徴求をしていませんが、今後の状況変化によっては担保となる有力な資産です。この定期預金は正式担保ではないですが、広義の保全と銀行は考えています。

今回の申し出である30百万円の融資を実行すると、無担保扱いの融資は126百万円となります。そうすると、定期預金１億円を26百万円超過することになります。ただし、この会社への融資の返済は毎月５百万円ほどあります。すると半年後には５百万円×6ヶ月＝30百万円となりますから、半年後には無担保扱いの融資額は定期預金の範囲内に収束をします。この判断で今回の融資には対応することにしたのです。

この取引振を根拠にした融資判断は、現場では非常に多くなっています。もちろん、銀行融資の基本となるものは決算内容です。しかし、決算内容が悪い場合でも、銀行は取引振を融資の拠り所として対応することがあります。一定の取引振が認められれば、決算内容が悪くても銀行はある程度安心することができ、融資も検討しやすくなるのです。決算書というのは過去の実績です。現在の足元の状況を示しているのではありません。その点、日頃の取引振はその融資先の足元の状況を示す指標と言えます。銀行からすると、融資先の真の姿を見ることができるのです。

決算内容が悪い場合には、日頃から預金口座を利用している銀行に相談してみるのが、融資が受けられる確率を高めるテクニックと言えます。さらに、取引振が充実しているということは、銀行の採算面にもプラスに働きます。

昨今は、低金利の影響で融資取引の採算性が極めて低下しています。端的に言えば、融資取引だけでは採算が取れない状況も珍しくなくなりました。そのため、取引振がなく融資取引のみに依存した取引先に対しては、取引振の充実を要請し、それが実現しなければ融資を見送るといったことも発生してきています。銀行から融資を受けるには、ただ単に決算内容の良し悪しだけではなく、融資以外の取引もないと難しくなることがあるのです。銀行も株式会社ですから利益を追求しています。融資はその利益を追求する１つの手段に過ぎません。どれだけ融資をしても採算が取れない、あるいは非効率な低採算であれば、取引を見直すということも十分にある時代になっています。

12 信用保証協会の保証余力を拠り所とした融資

会社というのは、仮に決算がどれだけ赤字であっても資金繰りが続けば破綻することはありません。したがって、銀行の融資審査においては、その融資先の資金繰りが続くのかどうかを非常に気にしています。

【図35】

資　金　繰　り　表

（単位：百万円）

	1月	2月	3月	4月	5月	6月	7月	8月	9月	10月	11月	12月
現金収入	19	18	20	15	15	19	16	15	18	17	15	19
手形期日入金	3	3	4	2	3	3	3	2	3	3	3	3
その他入金	1	1	1	1	1	1	1	1	1	1	1	1
営業収入計	23	22	25	18	19	23	20	18	22	21	19	23
現金支払	8	8	10	7	7	8	8	8	7	8	8	8
支払手形期日支払	3	4	7	3	3	3	4	3	3	4	3	3
人件費	4	4	4	4	4	4	4	4	4	4	4	4
家　賃	1	1	1	1	1	1	1	1	1	1	1	1
その他支払	1	1	1	1	1	1	1	1	1	1	1	1
営業支出計	17	18	23	16	16	17	18	17	16	18	17	17
経常収支	6	4	2	2	3	6	2	1	6	3	2	6
借入金返済	5	5	5	5	5	5	5	5	5	5	5	5
借入金収入					10							
財務収支	－5	－5	－5	－5	5	－5	－5	－5	－5	－5	－5	－5
総合収支	1	－1	－3	－3	8	1	－3	－4	1	－2	－3	1
手元資金残高	9	8	5	2	10	11	8	4	5	3	0	1

図35はある製造業の今後の資金繰り予定表です。決して資金繰りに十分な余裕があるとは思えません。5月に資金調達をしないと手元資金が完全に底をついてしまう状況です。そのため、この会社からは5月の融資相談を受けました。ただし、5月に資金調達をしたとしても、当面の資金繰りが確保できるのかどうかは微妙です。5月に、仮に10百万円の

資金調達を行っても、また11月には手元資金がゼロとなってしまう可能性があります。したがって、その前にこの会社は再び資金調達を行わないと資金繰りが続きません。当行としても、11月に手元資金が底をつく前にこの会社が資金を調達できるのかどうかは非常に気になるところです。もし、資金調達ができなければ５月に対応した融資を含めた融資全額が焦げ付く可能性があるからです。

つまり、今回の事例の融資判断の重要なポイントは、この会社が今後も資金調達を行って資金繰りを維持することができるのかどうかという点です。**資金繰りが続くかどうかは、①手元資金が十分にある、②資金を調達する余力がある**——の２点で決まるといっても過言ではないないでしょう。このうち、②の資金を調達する余力があるということの判断材料の１つが、信用保証協会の保証余力です。**信用保証協会の追加保証が得られるということは、その追加保証枠を利用して信用保証協会の保証付融資を銀行から受けられる**ということにつながります。融資が受けられるということは、今後の資金繰りには当然プラスの判断材料となります。**「無担保のプロパー融資（信用保証協会の保証を使わない銀行独自の融資）をしても、信用保証協会の保証付融資で資金繰りをつなぐことができるから、返済は大丈夫」**という考えです。

反対に、既に信用保証協会の保証を利用し、当面追加保証を得るのが難しい場合には、信用保証協会の保証を利用した銀行融資も難しいということです。そのような場合には、融資先の資金繰りが自力で大丈夫と判断できるとか、他行からプロパー融資が受けられる見込みが高いなどの材料がないと、融資の審査には大きなマイナス要因となります。

信用保証協会の保証が残りどの程度得ることができるかは、信用保証協会に出向くことで直接確認することもできます。銀行からスムーズに融資を受けるコツとして、信用保証協会の保証余力をある程度残しておくことも大切です。

13 信用保証協会とのセット融資

最近、融資の現場で多いのが、信用保証協会とのセット融資です。

次の**図36**はある会社に対する当行の与信保全状況を示したものです。

【図36】

（単位：百万円）

与　信		保　全	
プロパー融資	80	保証協会	50
マル保	50	不動産担保	0
合　計	130	合　計	50
無担保与信			80

この会社に対しては、プロパー融資（信用保証協会の保証を使わない銀行独自の融資）とマル保（信用保証協会の保証付融資）の双方を実施しています。特段の担保を徴求していないため、この会社には80百万円の無担保扱いの融資を許容している与信保全バランスです。

このような状態の中で今回、この会社から50百万円の融資相談がありました。仮に50百万円を全額プロパー融資で対応し、今までどおりに特段の担保もいただかないとなると、この会社に対する無担保扱いの融資総額は130百万円となります。この会社の財務状況からして、無担保扱い許容額の目線を１億円としていた場合、今回の50百万円の融資申し出を無担保にてそのまま受け入れることは困難です。

何か工夫が必要です。その工夫の１つが、信用保証協会の保証付融資とのセット融資です。プロパー融資とマル保をセットにして協調融資のように対応する方法です。具体的には、今回の50百万円の融資要請に対してはプロパー30百万円、マル保20百万円のセット融資にて検討するということです。銀行としては30百万円のプロパー融資を無担保にて対応すると、無担保扱いの融資総額は110百万円となり、目線としている

１億円を超過することになりますが、「保証協会も保証するから」という理由付けで審査が通りやすくなる面は確かにあるのです。

信用保証協会は中小企業の資金調達においてなくてはならない存在ですが、制限なく保証が得られ銀行から融資が受けられるわけではありません。一般的には、無担保にて80百万円が保証限度となっていますが、どのような場合でも80百万円まで保証が受けられるということではありません。赤字など業績が良くなければ、もっと低い金額しか保証が得られない事例もあります。依頼を受けて、しばしば信用保証協会に保証可否の事前相談に出向くことがありますが、「Ａ社にはすでに50百万円の保証を無担保扱いにて行っており、Ａ社の業績から見ればこれ以上の保証は無理です。」といった回答を受けることも少なくありません。このように、既に信用保証協会の保証を追加で得られる見込みがない、あるいは少ない場合に、銀行のプロパー融資とのセットで保証枠を広げることができる場合があります。つまり、銀行のプロパー融資とセットであれば、ある程度の追加保証が得られることがあります。これは、銀行がプロパー融資を行うということで、ある程度、信用保証協会側も安心するからでしょう。「プロパー融資を行うくらいだから、銀行にも融資先に対するある程度の自信があるのだろう」といった思いです。

14 試算表と融資判断

内装工事業の融資先があります。最近は、受注工事の規模が大きくなっており、これに伴い工事代金受け取りまでの立替資金負担が増加しています。元々資金繰りは楽な体質の会社ではなかったこともあり、1年に数回の融資申し込みがあります。この会社からの融資申し込みで銀行の融資担当を悩ませているのが、足元の業況確認です。前期の決算がどれだけ黒字であっても、融資検討時には今期の業況確認が審査には欠かせません。足元の業況確認に広く用いられているのが試算表です。

この会社の場合、試算表は作成されてはいるのですが半年以上前のものです。少人数でこの会社は運営されており、業績や資金繰りの管理は社長1人が対応しています。そのため、試算表作成のもとになる伝票の整理などが追いつかず、半年以上前の試算表しか作成がされていません。人手が足りないなどといった事情は理解できるのですが、半年以上前の業況では、とても足元の状況がわかるとは言えません。半年もあれば業況が大きく変化していることも珍しくありません。前月までの試算表がなければならないとまでは言いませんが、3ヶ月前の試算表は必要です。

この会社の場合、半年以上の前の試算表では足元の状況を正確に把握することができませんので、前月までの売上高のみ報告を受けました。売上高のみで業況を把握することは極めて困難なのですが、前期以前の売上と比較して業況が順調なのか、それとも悪化しているのかといった大雑把な状況は把握できます。ただし、正確なところはわかりませんから、やはり**銀行としては突っ込んだ融資検討ができません**。そのため、申込金額までの融資には応じることが難しいところがあります。

15 飲食店の新規出店資金の融資

図37はある飲食業の損益計算書です。

【図37】

損　益　計　算　書

（単位：百万円）

科　目	前々期	前　期
Ⅰ　売上高	690	685
売上原価	207	206
Ⅱ　売上総利益	483	480
販売費及び一般管理費	479	477
Ⅲ　営業利益	4	3
営業外収益	2	2
受取利息・配当金	1	1
その他	1	1
営業外費用	11	12
支払利息割引料	10	11
その他	1	1
Ⅳ　経常利益	−5	−8
特別損益	0	0
Ⅴ　税引前当期純利益	−5	−8
法人税等	0	0
Ⅵ　当期純利益	−5	−8

ラーメン店の経営を行っており、現在７店舗を経営しています。決算状況は決して良好とは言えないでしょう。このたび、このラーメン店の社長から、新規出店に伴う入居保証金や設備投資、立ち上げに伴う運転資金の申し出がありました。

ここ数年、このラーメン店は積極的に新規出店を行ってきており、その都度、当行は申し出に応じて、出店に関わる融資を行ってきました。

いくつかの融資は、まだ元本返済据置期間で、まだ元本返済がはじまっていないものもあります。

社長からの説明は、今回の出店に関する計画のみでした。当行としては新規出店もさることながら、ここ数年に出店したいくつかの店舗について、その実績を知りたいところです。決算が赤字なのですからなおさらです。当行からその点を質問すると、一部はまずまずの水準だが、一部は当初計画どおりに行っておらず、赤字になっている店舗もあるとのことでした。また、創業時の店舗の実績が相当落ち込んでおり、この店舗について頭を悩ましている模様でした。決算はあと数ヶ月先であるが、今期も決算は赤字とのことでした。

結論として、今回の借入申し出は謝絶する方針となりました。

今回の新規出店計画は、良い場所が見つかったという要因もあるのでしょうが、根本は既存店の不振を新規出店にて補いたいという狙いがあります。気持ちはわかりますが、仮に今回の新規出店が計画どおりに進まなかった場合、さらにこの会社の業績は悪化することになります。

まずは、既存店毎の損益状況の実績を正確に把握し、銀行にも示して店舗毎の改善策を検討すべきでしょう。赤字店舗の閉鎖も選択肢として入れる必要があるかもしれません。これらのことを銀行に十分に相談した上での新規出店計画であれば、銀行も真剣に検討する可能性があるのです。

また、今回の融資を謝絶する方針としたもう１つの理由があります。それは「借りる時だけ来る社長」という点です。この社長は出店に要する融資相談の時だけ話をされ、出店後の状況説明を含めて、それ以外は一切話をしに来られないということです。足元の不採算店舗を今後どのように改善していくかなどの考えがまったく見えてこず、社長と考えを共有することができていません。当行としては、「借りるときだけ来る社長」とのレッテルを貼りたくなります。もっとも、過去の出店資金を当行は比較的安易に応じてきたために、社長も安心してしまったのかもしれません。

不採算店舗を抱えた状態での新規出店の融資相談は、まず足元の実績の説明からはじめるのが良いのです。赤字店舗があるなら、その改善策を明確に示すべきなのです。それを銀行に納得させた上で、新規出店の借入相談に移らなければなりません。

銀行は、赤字だからという理由だけで新規融資を断ったりは原則しません。今回の新規出店がプラスになるものであれば、たとえ直近決算が赤字であり、いくつかの既存の店舗が赤字であったとしても、新規出店資金の融資は前向きに検討します。

残念ながら、今回の社長は足元の実績の説明が不十分です。これでは、当行としては、この社長は会社の実態を把握しておらず、ただやみくもに出店をしていると考えてしまいます。こういう社長とは、安心してつきあうことができないのです。

- 多店舗展開を行っている場合には店舗毎の採算状況の説明が必要。
- 赤字の店舗があれば、その対策の明示を。
- 定期的に業績報告があれば銀行の信頼感はアップする。

16 節税対策と融資判断

ある中小企業から運転資金の融資申し込みを受けました。この会社は運送業を営んでいます。既に当行とは融資取引がある中小企業で、新しい期の決算書をいただきました。

【図38】損益計算書

損　益　計　算　書

（単位：百万円）

科　　目	前　期
Ⅰ　売上高	221
売上原価	113
Ⅱ　売上総利益	108
販売費及び一般管理費	95
Ⅲ　営業利益	13
営業外収益	1
受取利息・配当金	1
その他	0
営業外費用	19
支払利息割引料	18
その他	1
Ⅳ　経常利益	−5
特別損益	−39
Ⅴ　税引前当期純利益	−44
法人税等	0
Ⅵ　当期純利益	−44

【図39】貸借対照表

貸　借　対　照　表

（単位：百万円）

資　　産	前　期	負債・純資産	前　期
（流動資産）	76	（流動負債）	94
現金・預金	19	支払手形	5
受取手形・売掛金	35	買掛金	23
未収入金	3	短期借入金	15
貸倒引当金	−1	未払金	34
棚卸資産	5	未払法人税等	0
その他流動資産	15	預り金	8
		その他流動負債	9
（固定資産）	130	（固定負債）	114
有形固定資産	115	長期借入金	109
建物・構築物・機械	20	その他固定負債	5
車両運搬具・工具	85		
土地	10	（純資産）	−2
無形固定資産	5	資本金	10
投資その他資産	10	利益剰余金	−12
（繰延資産）	0	（繰越利益剰余金）	−12
資産の部合計	206	負債・純資産合計	206

図38を見ると、前期は経常赤字でかつ多額の特別損失を計上し、かなりの最終赤字になりました。これが原因で債務超過に転落しています（**図39**の「純資産」参照）。

(1)　売上増だが赤字決算

日ごろから売上が伸びていることを聞いていましたが、そのとおり前期対比売上は確かに増加しています。ところが、大幅な赤字で債務超過にすら陥っています。業種柄、売上がそこそこあれば決して赤字決算になるはずがないので、赤字決算の理由について社長に質問したところ「とにかく税金を払いたくない。そのため社員にボーナスを支給したりして赤字にし、税金を払わないようにした。」との説明でした。

(2)　過度の税金対策で赤字決算

中小企業によくあることですが、税金を払いたくないために過度の対策をし、その結果、「わざと」赤字決算にしたという説明を受けることがあります。しかし、銀行としては本当に「わざと」赤字にしたのかどうか、その真偽はわかりません。また、大幅な赤字決算では、銀行はそう簡単には融資を検討することができません。

どれだけ熱く事業について話してもらっても、融資審査において重要な判断資料となるのは、客観的な数字である決算書です。決算書が赤字決算であれば、銀行は融資に慎重姿勢になります。

- 融資可否判断はあくまでも決算書の数字。
- 節税前の数字を銀行は考慮しない。
- 「本当は黒字だが、税金対策で赤字にした。」は銀行には通じない。

17 グループ会社との貸借と融資判断

グループ会社の中核企業から、運転資金借入の申し出がありました。中核企業を含めてこのグループには計３社があります。３社の業務はそれぞれ異なりますが、社長は同一人物です。

この会社の貸借対照表は**図40**のとおりです。

【図40】

貸　借　対　照　表

（単位：百万円）

資　　産	前　期	負債・純資産	前　期
(流動資産)	213	(流動負債)	124
現金・預金	43	支払手形	11
受取手形・売掛金	35	買掛金	18
未収入金	10	短期借入金	54
貸倒引当金	−1	未払金	22
棚卸資産	10	未払法人税等	0
その他流動資産	18	預り金	3
短期貸付金	98	その他流動負債	16
(固定資産)	106	(固定負債)	150
有形固定資産	51	長期借入金	145
建物･構築物･機械	20	その他固定負債	5
車両運搬具・工具	21		
土地	10	(純資産)	45
無形固定資産	5	資本金	10
投資等	50	利益剰余金	35
(繰延資産)	0	(繰越利益剰余金)	35
資産の部合計	319	負債・純資産合計	319

図40の貸借対照表で目につくのは、98百万円の短期貸付金です。実はこの中核会社以外の２社の決算内容が悪いため、それぞれの会社で独自に銀行借入を受けることができずに、中核会社から必要な資金を２社に貸付けているのです。グループ会社宛の資金の貸付がある場合、銀行としては、運転資金として融資したお金が本当に仕入資金や人件費などの運転資金に使用されているかどうか、疑問を持ってしまいます。

銀行融資の代表的な資金使途には、運転資金、設備資金、決算資金、賞与資金の４つがありますが、銀行としては、この融資の使途どおりに使われているかどうかを注意しているのです。融資した使途以外に資金が使われた場合、経験則上、その会社の業績が悪くなる、さらには資金繰り破綻に至るケースが多いためです。例えば、運転資金として借り入れしたお金を借入金の返済のために使用したとします。すると、本来必要であった仕入れ資金や人件費などの運転資金が不足することになります。しかし、仕入れや人件費の支払いをストップさせることはできません。そのため、必要な運転資金を再び、本来は別の目的で使用すべきところから引っ張ってくることになり、全体として資金繰りが逼迫してくることになります。資金繰りが逼迫するということは、銀行への返済も逼迫することになり、延滞の発生などにつながるわけです。

こういう状況下のなかで、グループ会社間で資金の貸し借りがある場合は、運転資金として融資したお金が別の会社への貸付金、つまり転貸資金に流用されることが大いに懸念されます。

転貸資金は厳禁です。理由は２つあります。

１つめは、結果として業績の悪い企業へ融資することと同じことだからです。もし転貸を受ける会社、つまりお金を借りる会社へ銀行が融資することができれば、そもそも転貸という問題は起きません。業績が悪いなどの理由で融資することができないため、別の会社が資金調達をして、銀行が融資できない会社に資金を融通するわけです。つまり、回り回って銀行は、本来融資不可能な会社に融資を行っているのと同じことになります。

２つめは資金繰りの悪化につながることです。転貸する会社は、銀行が融資が難しいと判断した会社にお金を貸すことになります。転貸する会社はその会社には何ら貢献しない資金を借入することになり、その後の返済が資金繰りに負担を及ぼすことになります。資金繰りに負担を及ぼすということは、銀行としては、融資したお金の回収可能性が乏しくなるということです。

グループ会社に融資を検討する場合、銀行はグループ間の資金の貸借の有無を必ず確認します。グループ会社間の資金の貸借が存在しても、それが年々減少していれば、融資金が流用される危険性が少ないですからまだ良いのですが、年々増加している、あるいはほとんど変化がない場合、融資審査は非常に厳しいものになります。今後のグループ間の資金の貸借の解消について、具体的かつ合理性のある説明が受けられない限り、原則運転資金であろうが決算資金であろうが、新規融資は困難となるのが基本です。

18 赤字決算の主力先への融資支援

運送業の中小企業からの融資申込みを受けています。

決算状況は次のとおりです。

【図41】

損　益　計　算　書

（単位：百万円）

科　　目	前　期
Ⅰ　売上高	512
売上原価	307
Ⅱ　売上総利益	205
販売費及び一般管理費	195
Ⅲ　営業利益	10
営業外収益	1
受取利息・配当金	1
その他	0
営業外費用	7
支払利息割引料	6
その他	1
Ⅳ　経常利益	4
特別損益	0
Ⅴ　税引前当期純利益	4
法人税等	0
Ⅵ　当期純利益	4

【図42】

貸　借　対　照　表

（単位：百万円）

資　　産	前　期	負債・純資産	前　期
（流動資産）	98	（流動負債）	94

現金・預金	25	支払手形	7
受取手形・売掛金	43	買掛金	22
未収入金	5	短期借入金	35
貸倒引当金	−1	未払金	15
棚卸資産	8	未払法人税等	0
その他流動資産	18	預り金	3
		その他流動負債	12
（固定資産）	324	（固定負債）	280
有形固定資産	308	長期借入金	275
建物･構築物･機械	20	その他固定負債	5
車両運搬具・工具	253		
土地	35	（純資産）	48
無形固定資産	5	資本金	10
投資等	11	利益剰余金	38
（繰延資産）	0	（繰越利益剰余金）	38
資産の部合計	422	負債・純資産合計	422

年商規模は５億円程度で、景気低迷の影響で業績は苦労されていますが、直近決算ではかろうじて黒字を確保しています。ただし、借入金が３億円程度と年商の半分を超過しており、いわゆる借入過多の体質にあります。このため、年間の借入返済額が4,000万円ほどあり、銀行融資の返済が資金繰りの大きな圧迫要因となっています。

今回、この中小企業からさらに3,000万円の融資申込みを受けました。今期の予想は赤字で、その主な要因はやはり売上の低下です。このため営業収入も減少しており、原価や経費支出を除くと、ほとんど資金の余裕がない資金繰り状態で、銀行融資の返済原資が期待できません。

このような取引先への追加融資は、銀行の融資原則から考えればお断りせざるを得ない案件です。しかし簡単に断れない事情があります。**それは長年の圧倒的主力先であることです。**

先ほど借入金が３億円ほどあると述べましたが、その８割は当行からの融資です。資金繰りのほとんどは当行に依存しているといっても過言ではない状態です。現在の業績や資金繰り状況では、当行以外の他の金融機関から融資が受けられる可能性は低いと考えざるを得ず、まさに当行が取引先の生死を握っていると言えます。ここは銀行としても、慎重に考えなければならないところです。銀行の社会的役割の問題と置き換えることもできます。ただし、銀行の社会的役割だけで、返済に懸念が大きい取引先に融資を行うわけにはいきません。融資を行うだけの理由付けが必要です。本件の場合は、保全が確保できることです。つまり、新たな不動産担保の提供で、追加融資のすべてがカバーできる状況にあることです。

当行が取引先の事業継続を支える立場にあり、資金繰りの支援をしなければならない責任があることと、不動産担保にて追加融資の保全が確保できることを理由に、追加融資の申し出には応諾することとなります。

19 社会保険料未納先への融資の可否

人材派遣業の会社より融資相談がありました。

資金繰り表は図43のとおりです。

【図43】

資　金　繰　り　表

（単位：百万円）

	1月	2月	3月	4月	5月	6月	7月	8月	9月	10月	11月	12月
現金収入	16	15	16	13	18	16	17	13	20	17	15	19
手形期日入金	0	0	0	0	0	0	0	0	0	0	0	0
その他入金	1	1	1	1	1	1	1	1	1	1	1	1
営業収入計	17	16	17	14	19	17	18	14	21	18	16	20
現金支払	4	4	4	4	4	4	4	4	4	4	4	4
支払手形期日支払	0	0	0	0	0	0	0	0	0	0	0	0
人件費	9	9	9	9	9	9	9	9	9	9	9	9
家　賃	1	1	1	1	1	1	1	1	1	1	1	1
その他支払	1	1	1	1	1	1	1	1	1	1	1	1
営業支出計	15	15	15	15	15	15	15	15	15	15	15	15
経常収支	2	1	2	−1	4	2	3	−1	6	3	1	5
借入金返済	3	3	3	3	3	3	3	3	3	3	3	3
借入金収入												
財務収支	−3	−3	−3	−3	−3	−3	−3	−3	−3	−3	−3	−3
総合収支	−1	−2	−1	−4	1	−1	0	−4	3	0	−2	2
手元資金残高	11	9	8	4	5	4	4	0	3	3	1	3

毎月の資金収支はほとんどギリギリの状態であり、そのため手元資金水準も、年の後半にいくとかなり余裕がない状態が見込まれています。資金の回収と支払いの月中のズレがあるため、表面以上に資金繰りは綱渡りの状態です。このようなこともあり、社会保険料を現在未納しているとのことでした。そこで、銀行融資にて社会保険料の未納分を一括納

付をしたいとの要請がありました。

結論から申し上げてこのような融資はできません。

融資ができない理由はいくつかありますが、大きく２つの理由があります。

１つめは、社会保険料をそもそもきちんと支払わずにいたということは、その会社の資金繰り状況が悪いということです。融資は返済してもらわなければならず、そのためには資金繰りが無難に推移していることが大前提です。**社会保険料すらきちんと納付ができない会社に、融資が確実に返済できるとは考えられません。**

２つめの理由は、社会保険料という公的な義務を果たしていない先に融資にて支援を行うことは、銀行の社会性に照らして不適切という点です。社会保険料の支払いが、会社にとって大きな負担になっていることは承知をしています。しかしながら、社会保険料をきちんと支払うことは、社会に存在する会社としての義務です。したがって、資金繰りが厳しいと感じたら、社会保険料を払わないという選択肢を取らずに、その前に銀行に相談をすることが大切です。

20 個人資産背景を拠り所にした融資

銀行が融資を審査する過程においては、必ず返済の可能性の拠り所が何かを考えています。最も端的なものは担保です。万が一、融資後に債務者の業績が悪化し、債務者が自力での返済が困難となった場合でも、担保を取っていればそれを処分することで、金融機関は融資資金を回収することができます。

担保以外に融資判断の拠り所となるものは、業績や資産背景、信用保証協会の保証余力などが代表的なものです。

次の**図44**をご覧ください。

【図44】

損　益　計　算　書

（単位：百万円）

科　　目	前々期	前　期
Ⅰ　売上高	342	321
売上原価	205	193
Ⅱ　売上総利益	137	128
販売費及び一般管理費	123	121
Ⅲ　営業利益	14	7
営業外収益	2	2
受取利息・配当金	1	1
その他	1	1
営業外費用	6	7
支払利息割引料	4	5
その他	2	2
Ⅳ　経常利益	10	2
特別損益	0	0
Ⅴ　税引前当期純利益	10	2
法人税等	4	1

Ⅵ　当期純利益	6	1

この会社の業績は直近の２期以前においても年々売上が減少しており、これに比例して利益も縮小しています。前期の最終利益はわずか１百万円まで低下しており、このままで推移すると今期は赤字転落の危険があります。

このような業況の中で、資金繰り安定のため融資の相談がありました。業績の低迷に伴い資金繰りがタイトになることは予想されることであり、この会社の主力銀行は当行でしたから、支援をしなければならない役割がありました。しかし、業績が低迷しており、今期は赤字転落になる可能性が高い状況においては、ただ主力銀行だからという理由だけで融資支援を決定するわけにはいきません。

したがって、今回のような融資案件においては、万が一の場合でも融資した資金が回収できるという拠り所がどうしても必要なのです。担保はもっとも有力な拠り所ですが、今回の会社の場合には所有している不動産はすべて担保徴求済みであり、その不動産にはもう担保としての余力はありませんでした。十分な預金があれば、それも１つの拠り所とはなりますが、資金繰りがタイトになっている状況では期待できるはずがありません。

結論として、今回の案件は融資を実行しました。その判断根拠、つまり拠り所はこの会社の社長の個人資産背景です。社長は、自宅不動産をはじめ、いくつかの不動産を所有していました。一部の不動産は担保として徴求していましたが、担保には徴求していない不動産もありました。担保としての価値がある資産を保有しているということは、将来、その資産を担保として活用することにより、さらなる資金調達が可能だと言えます。これは、事業の継続にとって最も重要である資金繰りが続くということです。業績がどれだけ赤字であっても、資金繰りがショートしない限りは事業を継続することができます。逆に、業績がどれだけ黒字であっても、一時的であったとしても資金繰りがショートしてしまえば、その時点で事実上事業の継続は難しくなります。今回の場合は、担保となる個人資産があったがために資金繰りが続くと判断することができたのです。

21 納税資金の融資

納税資金の融資は、文字通り税金を納付するための資金を支援するものです。銀行から税金納付を目的とした融資は受けられないと思われている方が多いのですが、納税資金はれっきとした銀行の融資メニューの１つです。

もっとも、どのような税金納付でも融資の対象となるわけではありません。銀行が納税のための融資の対象としているのは、納付期限がこれから到来するものです。したがって、納付期限を過ぎた未納分は融資の対象とはなりません。税金を未納しているということは、資金繰りに余裕がない何よりの証拠となります。

融資を行う税目にも注意が必要です。納税資金としての対象となる税金は、法人税や事業税です。消費税は融資の対象外です。法人税や事業税は利益や事業活動に対して課せられる税金であるのに対して、消費税は販売先から預かっている消費税を所定の計算を基にして納付が義務付けられているものです。つまり、消費税は一時的に販売先から預かっているものを納付するのが建て前となっているはずです。それにもかかわらず、消費税を納付するための資金がないということは、販売先から一時的に預かっている税金資金を運転資金などの他の用途に流用しているということになります。このような理由から、銀行は消費税を融資の対象外としているのです。

以前、ある会社より納税資金の融資の相談を受けました。融資希望額は総額で1,500万円でした。資金使途の確認をするためのエビデンスとして、税金の納付書の提出をお願いしました。その会社より提出された税金の納付書は法人税が100万円、事業税が７万円でした。融資希望額との差額である約1,400万円のエビデンスの提出を求めたところ、金額がおよそ800万円の消費税の納付書の提出を受けました。さらに残りの差額であるおよそ600万円のエビデンスを求めたところ、600万円については支払手形の決済資金に充当したいとのことでした。

つまり、納税資金の融資の相談であるにもかかわらず、実際の融資対象の税金はわずか100万円あまりであり、残りは消費税や支払手形の決済資金といった運転資金が混入していたのです。これではとても納税資金として融資を検討することはできません。足元の業績を確認するため、最近の試算表の提出を受けたところ、予想どおり赤字でした。つまり納税資金という名のもとに、赤字補填のための資金の融資相談が実態であったということでした。

このように、納税資金の融資には他の資金使途が混入する可能性があります。そのため、銀行は納付書といったエビデンスの提出を求め、さらにケースによっては納付手続を事前にお預かりして、融資実行後直ちに使途どおりに使用されるように管理することもあります。

納税資金の相談に他の使途が混入しているような場合、銀行からの印象が相当悪くなります。融資の要因が赤字補填であるのであれば、正面から銀行にその旨を申告して相談された方が得策です。

22 賞与資金の融資

社員に支払う賞与資金も銀行の融資対象です。賞与は会社にとってはまとまった資金の支払いとなりますから、資金繰りを圧迫します。また、賞与は人件費ですから、会社にとっては１つの運転資金です。そのため、銀行も運転資金の１形態として賞与資金は融資の対象としているのです。

例年、賞与資金の融資を実行している取引先より、今回も夏の賞与資金として総額1,500万円の融資の相談を受けました。ここで、銀行は検討に際して、過去の賞与支払実績と足元の業績を確認します。基本的に賞与の支払総額は、過去の水準と大幅にかけ離れることは少ないはずです。したがって、今回の賞与資金融資の相談背景にある賞与支払総額が、過去の水準と比較して大きな乖離がないかどうかを確認することで、銀行は融資金額の妥当性を検証するのです。また、賞与は原則的には「儲かったら払い、儲からなかったら払わない、あるいは減額する」ということが多いため、前年の業績や足元の業績を確認することで、賞与支払いそのものの妥当性も銀行は検証をしているのです。

さて、今回の取引先について過去の賞与支払実績を確認してみると、総額は１回あたりおよそ900万円でした。今回の賞与資金融資の申し出金額である1,500万円は、過去の水準と大きく乖離しています。

【図45】

	前々年冬	前年夏	前年冬
支給対象人員	36	37	35
１人あたり平均支給額（千円）	250	250	260
支給総額（千円）	9,000	9,250	9,100

一方、試算表にて足元の業績を確認してみると、前期とほとんど変わらない横ばいの水準です。足元の業績が大きく伸展していれば賞与支給額を増額するという理屈もつくのですが、前年の業績と横ばいであれば

大幅に賞与支給額を増額させるという理由にはなりません。このため、今回の申し出金額の妥当性を、銀行は取引先に確認することになります。

取引先からの回答は、賞与支給額は前年と同水準であるが、製造機械を１台買い増しをしたいために申し出金額を増やしたということでした。賞与資金と機械購入、つまり設備資金を一緒にして融資を申し込む、これはやはり銀行としては認められません。使途が異なる融資が混在しているからです。運転資金は運転資金として、設備資金は設備資金として融資をするのが銀行的な考え方です。理由は、運転資金と設備資金では返済原資が異なるからです。運転資金は売上が回収されるまでのつなぎとしての役割ですから、売上の回収金が返済原資となります。一方の設備資金は、その設備を利用することで利益をもたらすためのものですから、返済原資は利益ということになります。

今回の案件の場合には、賞与資金と設備資金が混在している申し出でした。そのため、銀行としては賞与資金は賞与資金融資として検討し、設備資金は設備資金融資として分けて検討をすることになります。

23 設備資金と収益返済計画

第２生産工場を購入・建築する、製造ラインを増設する、製造機械を買い換える、新規出店する、本社建物を建て替える――など有形固定資産を増加させるために要する資金を設備投資と呼んでいますが、この設備投資に要する資金は当然に銀行の融資対象です。

今回、塗料を製造する会社より、受注が増加しているため製造ライン増設したいとの話をうかがいました。現在は３つの製造ラインにて塗料の生産活動を行っていますが、数年前より受注が増加傾向にあるため、今回思い切って製造ラインを１つ増設する計画を立てたとのことです。製造ラインの増設に要する資金は、総額3,000万円に達するため、今回融資の相談に至ったものです。

さて、設備投資は今後の売上や収益を生み出す源泉になるものです。投資した設備はこの先、長きにわたって使用され、その会社の事業を支えていくものになります。そのため、設備資金の融資の返済は、今後の事業によって生み出される収益によって行われることがあるべき姿となります。返済が十分に賄えない程度の収益しか生み出せなければ、その返済原資に窮することになり、間違いなく資金繰りの悪化をもたらします。

このような観点から、設備資金融資の銀行での審査は、今回の設備資金を含めた取引先の設備資金の借入に対して、収益返済が可能なのかどうかに重点が置かれることになります。また、設備資金の融資は一般的に長期での融資となるため、担保などの保全が確保できるかどうかも審査のポイントとなります。

今回の設備投資案件についての融資に対して、収益返済が可能なのかどうかを検証するため、この会社に収益返済計画の提出を求めました。提出された収益返済計画は**図46**のとおりです。

【図46】

収　益　返　済　計　画

（単位：百万円）

決算期		今期予想	%	1年後	%	2年後	%	3年後	%	4年後	%
損益	売上高	985	100.0	1010	100.0	1100	100.0	1150	100.0	1150	100.0
	売上総利益	305	31.0	306	30.3	330	30.0	350	30.4	350	30.4
	一般管理販売費	258	26.2	261	25.8	269	24.5	269	23.4	269	23.4
	営業利益	47	6.0	45	6.0	61	6.0	81	6.0	81	6.0
	営業外損益	−23	−2.3	−24	−2.4	−23	−2.1	−23	−2.0	−23	−2.0
	経常利益	24	2.4	21	2.1	38	3.5	58	5.0	58	5.0
	税引前利益	22	2.2	18	1.8	37	3.4	57	5.0	57	5.0
調達	減価償却	11		13		13		13		13	
	引当金増減	0		0		0		0		0	
	法人税等	8.8		7.2		14.8		22.8		22.8	
	社外流出	0		0		0		0		0	
	資産売却	0		0		0		0		0	
	キャッシュフロー	24.2		23.8		35.2		47.2		47.2	
	増資等	0		0		0		0		0	
	社債発行	0		0		0		0		0	
	長期借入金	30		10		10		10		10	
	（うち本件）	30		0		0		0		0	
	調達計	54.2		33.8		45.2		57.2		57.2	
運用	設備投資	35		0		0		0		0	
	（うち本件）	0		0		0		0		0	
	投融資等	0		0		0		0		0	
	長期返済	53		55		55		55		55	
	（うち本件）	0		3		3		3		3	
	社債償還	0		0		0		0		0	
	運用計	88		55		55		55		55	
差引過不足		−33.8		−21.2		−9.8		2.2		2.2	
手元資金残高		33		11.8		2		4.2		6.4	

収益返済計画表で、まず銀行が見るポイントは、最後の行の差引過不足のところです。差引過不足の欄は、事業活動によって生み出された

キャッシュフローから出発して、返済などの支出を控除した後に、どれだけキャッシュフローが残っているかを示しています。キャッシュフローがマイナスであると、その年度の事業活動によってもたらされたキャッシュフローだけでは返済をカバーすることができません。したがって、このような場合には、手元資金の取り崩しで対応したり、マイナスのカバーするために新たな借入が必要となってきます。

手元資金残高を見てみると、何とかギリギリですがプラスになっており資金繰りは維持できそうです。もっとも、売上などの今後の数字はあくまでも見込みですから、売上が見込みよりも低い場合には、キャッシュフローがそれだけ減少し、手元資金が底をついてしまう可能性は残ります。また、長期借入金を今後毎年1,000万円調達する計画となっていますが、これは運転資金として過去に借入したものを復元する計画です。この新たな借入ができないとなると、やはり手元資金は底をついてしまう計算になります。総じて、今後の資金繰りは決して余裕があるものではないと考えられます。

結果として、今回は設備資金の借入を申し出どおりに実行することにしました。資金繰りに余裕はないのですが、確かに受注が増加傾向にあり、その受注をさらに獲得していくためには現在の製造ラインでは不足していました。そのため、新たなに製造ラインを増やす今回の設備投資計画は、その増加している受注を獲得するためには必要なものでした。業績はまずまずであり、運転資金の復元の調達も可能だと考えられる状況でしたので、総合的に検討し今回の申し出に応じることとしたのです。

24 設備資金の借入返済が重荷に

過去に設備投資を行い、その資金の借入返済に関わる事例です。

設備投資を行う際には、その後の事業の見通しを踏まえて、返済を含めた資金繰りに支障がないことを前提に行うはずです。しかし、実際は計画どおりに業績が確保できずに、資金繰りの計画に狂いが生じて返済負担が重荷になるケースがあります。

次の２つの表をご覧ください。

【図47】

収　益　返　済　計　画

（単位：百万円）

決算期		今期予想		１年後		２年後		３年後		４年後	
			%		%		%		%		%
損益	売上高	530	100.0	550	100.0	580	100.0	600	100.0	610	100.0
	売上総利益	220	41.5	230	41.8	250	43.1	260	43.3	265	43.4
	一般管理販売費	135	25.5	140	25.5	150	25.9	155	25.8	160	26.2
	営業利益	85	6.0	90	6.0	100	6.0	105	6.0	105	6.0
	営業外損益	−20	−3.8	−20	−3.6	−20	−3.4	−20	−3.3	−20	−3.3
	経常利益	65	12.3	70	12.7	80	13.8	85	14.2	85	13.9
	税引前利益	60	11.3	68	12.4	78	13.4	84	14.0	84	13.8
調達	減価償却	5		6		6		6		6	
	引当金増減	0		0		0		0		0	
	法人税等	24		27.2		31.2		33.6		33.6	
	社外流出	0		0		0		0		0	
	資産売却	0		0		0		0		0	
	キャッシュフロー	41		46.8		52.8		56.4		56.4	
	増資等	0		0		0		0		0	
	社債発行	0		0		0		0		0	
	長期借入金	20		5		5		5		5	
	（うち本件）	20		0		0		0		0	
	調達計	61		51.8		57.8		61.4		61.4	
	設備投資	30		0		0		0		0	
	（うち本件）	30		0		0		0		0	

運用	投融資等	0		0		0		0		0	
	長期返済	25		30		30		30		30	
	(うち本件)	0		6		6		6		6	
	社債償還	0		0		0		0		0	
	運用計	55		30		30		30		30	
差引過不足		6		21.8		27.8		31.4		31.4	
手元資金残高		35		56.8		84.6		116		147.4	

【図48】

収　益　返　済　実　績

(単位：百万円)

決算期			4年前		3年前		2年前		1年前		今期見込み	
				%		%		%		%		%
損益	売上高		515	100.0	505	100.0	500	100.0	505	100.0	495	100.0
	売上総利益		180	35.0	170	33.7	175	35.0	170	33.7	165	33.3
	一般管理販売費		145	28.2	140	27.7	135	27.0	130	25.7	125	25.3
	営業利益		35	6.0	30	6.0	40	6.0	40	6.0	40	6.0
	営業外損益		−20	−3.9	−20	−4.0	−20	−4.0	−20	−4.0	−20	−4.0
	経常利益		15	2.9	10	2.0	20	4.0	20	4.0	20	4.0
	税引前利益		10	1.9	5	1.0	15	3.0	15	3.0	18	3.6
調達		減価償却	6		6		6		6		6	
		引当金増減	0		0		0		0		0	
		法人税等	4		2		6		6		7.2	
		社外流出	0		0		0		0		0	
		資産売却	0		0		0		0		0	
	キャッシュフロー		12		9		15		15		16.8	
	増資等		0		0		0		0		0	
	社債発行		0		0		0		0		0	
	長期借入金		5		5		5		15		5	
	(うち本件)		0		0		0		0		0	
	調達計		17		14		20		30		21.8	
運	設備投資		0		0		0		0		0	
	(うち本件)		0		0		0		0		0	
	投融資等		0		0		0		0		0	

用	長期返済	30		30		30		30		30	
	（うち本件）	6		6		6		6		6	
	社債償還	0		0		0		0		0	
	運用計	30		30		30		30		30	
差引過不足		－13		－16		－10		0		－8.2	
手元資金残高		30		14		4		4		－4.2	

図47は設備投資を計画した当時の計画でした。そして**図48**はその後の最近の実績です。

当初は、設備投資を行うことにより、売上が伸展し返済後も手元資金が積み上がっていく予想でした（**図47**の差引過不足欄と手元資金残高欄の推移を参照）。ところが、実際は**図48**のように計画どおりに売上が伸展することはなく、ほぼ横ばいで推移しています。そのため、キャッシュフローもタイトになり、事業のキャッシュフローだけでは返済を賄うことができず（**図48**の差引過不足欄を参照）、追加の借入と手元資金の取崩しをして対応してきましたが、手元資金も底をつき始め、今年度は手元資金がマイナス、つまり資金繰りが行き詰まるまでの状態になってしまいました。

実際、計画どおりに業績が伸展せずに、返済負担が重荷になるケースが発生しています。近々に業績が伸展する具体的な見込みがあればまだ良いのですが、現実にはそのようなことは少ないはずです。そのまま放置していれば資金繰りのショートを招くことになりますから、何らかの手を打たなければなりません。

これは建材の卸売業を営む取引先の事例です。数年前に新しい倉庫の保有を目的として設備投資を行い、その資金を当行は融資支援したのです。取引先からは、このままで行くと数ヶ月後には資金が底をついてしまうため、当初借入した設備資金の借入を復元し、かつ返済期間をより長期にして返済負担を少なくしてほしい旨の相談を受けました。

銀行として悩ましい点は、設備資金を復元し返済期間を延ばすということは、返済条件の緩和に該当しますので、貸倒引当金の積み増しなどの財務的な負担も発生することです。銀行としては避けたいところです。

また、返済条件の緩和を行うと、いわゆるリスケということになり、取引先にとっても今後正常な金融取引が困難になるというデメリットが生じますので、これもやはり避けたいところです。リスケは最後の手段に温存しておき、まずは資金繰りの不足分を運転資金として融資できないかを検討するのが銀行のスタンスです。

幸いに損益は毎期黒字になっています。決して、赤字が続いているような状態ではありません。損益は黒字ですが、当初の計画ほどにはなっていないために、返済負担が重くなっているという資金繰り状態になっています。今回の場合、損益自体はまずまずの状態であったことが幸いでした。赤字が続いている状態では、運転資金の形式での追加融資は難しく、リスケによる資金繰り支援しか取るべき手段が残っていなかったのですが、業績はそのような状態ではなかったため、運転資金が検討できる余地がありました。結果として、今回の取引先には当面の事業見通しを保守的に再策定していただき、不足する資金を運転資金として融資対応し、資金繰りの支援を行いました。

25 多額の代表者宛貸付金の存在

中小企業では、会社とオーナーである代表者とがきちんと分離されておらず、実質一体であることが珍しくありません。会社の資金繰りを補填するために、代表者の個人の資金を会社に投入することは良いとして、不透明に会社と代表者とが混同されていることがあります。

次の**図49**をご覧ください。

【図49】

貸　借　対　照　表

（単位：百万円）

資　　産	前々期	前期	負債・純資産	前々期	前期
（流動資産）	89	141	（流動負債）	72	95
現金・預金	13	9	支払手形	22	25
受取手形・売掛金	19	24	買掛金	14	31
未収入金	1	15	短期借入金	13	20
貸倒引当金	−1	−1	未払金	8	2
棚卸資産	11	15	未払法人税等	4	5
			預り金	1	1
			その他流動負債	10	11
短期貸付金	27	55			
その他流動資産	19	24			
（固定資産）	17	16	（固定負債）	23	51
有形固定資産	13	12	長期借入金	10	40
建物･構築物･機械	12	11	その他固定負債	13	11
車両運搬具・工具	1	1			
土地	0	0	（純資産）	11	11
無形固定資産	1	1	資本金	10	10
投資その他資産	3	3	利益剰余金	1	1
（繰延資産）	0	0	（繰越利益剰余金）	1	1
資産の部合計	106	157	負債・純資産合計	106	157

前期と前々期を比較してみると、資産項目では短期貸付金が27百万円から55百万円と28百万円増加しています。一方、借入金の推移を見てみると、短期借入金および長期借入金は前々期の23百万円から前期は60百万円と37百万円増加しています。決算書の勘定明細の資料を見ると、短期貸付金の相手先は前々期も前期もこの会社の代表者宛のものでした。この会社の経理担当者に、代表者宛の貸付金の中身は何かと質問したところ、その経理担当者は「あれです。」といって水槽を指差しました。会社の事務所の片隅にいくつもの水槽が並べられており、その中には熱帯魚らしきものが存在していました。社長は相当な熱帯魚好きであり、その個人の趣味が会社まで及んである日、経理担当者は社長から会社でも熱帯魚を買いたいとの相談を受けたようです。さすがに経理担当者としても、会社で熱帯魚を購入することは見送り、会社の資金を社長宛に貸付け、その資金でもってあくまでも社長個人が購入することで落ち着いたようでした。

この会社は運送業ですから、業務と熱帯魚とはまったくの無関係です。このような代表者の個人的な趣味に要する資金は、当たり前のことですが本来は個人の資金にて賄うものです。さらに今回の悪い点は、この資金を直接的、間接的を問わず、借入金にて賄っていると推定することができることです。つまり、代表者宛の貸付金は前期と前々期を比べると28百万円増加していました。一方で、短期借入金と長期借入金は前期は前々期比37百万円増加していました。借入金の一部が代表者宛貸付金に回っていることは明らかです。

銀行の融資は、あくまでも運転資金や設備資金に代表されるように、事業に関わる資金を対象としています。代表者の個人的趣味を対象としているものではありません。資金使途違反でもあります。このような会社から仮に運転資金の申し出を受けたとしても、「また熱帯魚に変わるのではないか」と銀行は考えるものです。当然ながら融資は非常に厳しいものとなります。

26 投融資への流用

【図50】

貸借対照表

（単位：百万円）

資産	前々期	前期	負債・純資産	前々期	前期
（流動資産）	279	305	（流動負債）	186	187
現金・預金	56	43	支払手形	12	14
受取手形・売掛金	75	81	買掛金	88	83
有価証券	73	97	短期借入金	50	50
未収入金	3	3	未払金	14	18
貸倒引当金	−1	−1	未払法人税等	4	5
棚卸資産	54	58	預り金	1	1
その他流動資産	19	24	その他流動負債	17	16
（固定資産）	54	52	（固定負債）	124	143
有形固定資産	50	48	長期借入金	95	115
建物・構築物・機械	13	11	その他固定負債	29	28
車両運搬具・工具	3	3			
土地	34	34	（純資産）	22	27
無形固定資産	1	1	資本金	20	20
投資その他資産	3	3	利益剰余金	2	7
（繰延資産）	0	0	（繰越利益剰余金）	2	7
資産の部合計	333	357	負債・純資産合計	332	357

この会社は小規模の解体工事業を営んでいます。

図50の貸借対照表を見て、まず銀行員の目につくのが有価証券が多いことです。解体工事業ですから、有価証券の保有は直接事業には関係なさそうです。

次に、この会社の所要運転資金を計算してみます。所要運転資金は【売掛債権＋在庫－買入債務】にて計算できますから、前期の所要運転資金は【81百万円＋58百万円－97百万円＝42百万円】となります。

借入金に目を移してみると、前期は短期借入金50百万円、長期借入金115百万円、合計165百万円となります。借入金165百万円は何に使われているのかという点は、銀行員が必ずチェックする項目です。会社が借入をする目的は、およそ運転資金と設備投資にほぼ限られるはずです。したがって、借入金の使途を特定するに当たって銀行員は、この運転資金と設備資金にまず優先的に使われるものとして検討を進めていきます。この会社の所要運転資金は、さきほど計算したように42百万円でした。借入金165百万円は、まず運転資金として42百万円使われていると考えます。次は設備資金です。設備資金は有形固定資産として考え、有形固定資産48百万円に借入金は使われているとします。ここまで運転資金42百万円、有形固定資産48百万円、合計90百万円の借入金の使途が特定できました。

残りは75百万円です。借入金で残った資金は、手元資金においておくと考えることにします。現預残高は前期は43百万円です。これで借入金165百万円は、運転資金42百万円、設備資金48百万円、現預金43百万円、合計133百万円に使われているということになりました。

しかし、まだ残り32百万円があります。この残り32百万円は運転資金、設備資金、現預金以外の使途に使われていることになります。銀行では、これら運転資金や設備資金、現預金以外を雑資産と呼んでいますが、残った借入金の使途はこの雑資産に使われているものと考えます。雑資産とは、平たく言えば事業には直接には関係のない資産です。この雑資産のなかで目立つ項目は何かと貸借対照表を見てみると、やはり有価証券97百万円が目に付きます。したがって、借入金の一部は有価証券として運用に回されていると銀行は考えるのです。

決して、有価証券への投資自体が悪いということではありません。財務戦略の一環として、有価証券を含めた資金運用を行っている会社もあります。しかし、有価証券への投資は、相場いかんによっては元本割れのリスクを内包している運用です。元本割れのリスクを十分に認識した上で運用されるのは自由ですが、銀行的には借入金にて運用をしていることに懸念を持つのです。まったくの自己資金で、資金の余剰分を有価証券投資にて運用することは問題ありません。ところが借入金を使って、つまり他人のお金で元本割れのリスクがある運用を行っていることを、銀行は良しとはしないのです。

有価証券残高の推移を見てみると、前々期の73百万円から前期の97百万円へと24百万円増加しています。一方で、借入金残高の推移を見てみると、前々期の145百万円から前期の165百万円へと20百万円増加しています。要するに、借入金が増加した部分はそのまま有価証券投資への資金が使われたと銀行は考えるのです。

このような状況にある中で、この会社より、例えば運転資金の融資申し出があったとしても、銀行はまた有価証券に投資をするのではないかと感じ、融資姿勢は慎重になります。

他行支援を前提にした融資

【図51】

資　金　繰　り　表

（単位：百万円）

	1月	2月	3月	4月	5月	6月	7月	8月	9月	10月	11月	12月
現金収入	25	21	20	28	27	26	30	24	30	30	30	35
手形期日入金	12	13	12	17	15	13	15	14	15	15	15	20
その他入金	2	1	1	2	1	1	2	1	1	1	1	1
営業収入計	39	35	33	47	43	40	47	39	46	46	46	56
現金支払	7	6	9	12	10	10	11	7	10	10	10	20
支払手形期日支払	9	12	15	16	15	15	16	13	14	12	13	18
人件費	12	12	12	12	12	12	12	12	12	12	12	20
家　賃	3	3	3	3	3	3	3	3	3	3	3	3
その他支払	1	1	1	1	1	1	1	1	1	1	1	1
営業支出計	32	34	40	44	41	41	43	36	40	38	39	62
経常収支	7	1	−7	3	2	−1	4	3	6	8	7	−6
借入金返済	10	10	10	10	10	10	10	10	10	10	10	10
借入金収入			20		20				20			20
財務収支	−10	−10	10	−10	10	−10	−10	−10	10	−10	−10	10
総合収支	−3	−9	3	−7	12	−11	−6	−7	16	−2	−3	4
手元資金残高	28	19	22	15	27	16	10	3	19	17	14	18

図51の資金繰り表は、ある会社の今後１年間の資金繰り計画をまとめたものです。資金繰りを維持するために３月、５月、９月、12月にそれぞれ20百万円の借入が予定されています。このうち、３月の20百万円は当行に依頼がある融資です。当行宛の年間返済はおよそ30百万円ですが、この会社の資金繰りを支援するために、今回の20百万円は前向きに検討する案件でした。返済相当額の支援は、この会社の資金繰り支援する意味で妥当なものと銀行は考えるわけです。

しかし、それには１つの条件があります。この会社の向こう１年間の資金繰りが維持されるためには、残りの５月、９月、12月のそれぞれ20百万円の借入が行われる前提となっています。そして５月、９月、12月は当行以外の他の銀行から融資を受けることになっています。この事例においては、それぞれ別の銀行、つまり５月以降の借入は３つの銀行からそれぞれ受ける予定でした。当行が３月に20百万円の融資を実行しても、５月以降に他行が融資に応じないと、この会社の資金繰りは維持することができません。当行含めた他行がすべて融資に応じることで、初めてこの会社の資金繰りは維持されるのです。

もちろん先のことですから、この間の事情、例えば業績の急激な悪化などの特別の事情があれば融資がされないことはあるとしても、少なくとも現時点で他行も融資に応じる見込みがあることが前提となります。銀行は、将来の融資について予約を行うことは決してありませんし、他行が融資に応じるのかどうかを直接確認することはできません。取引先へのヒアリングにより他行の反応などを聴取して、融資可能性について確認を行っています。

28 収益物件購入のための融資

建設業の取引先より、中古の賃貸マンション１棟を購入するので総額２億円の融資を受けたいとの相談がありました。賃貸マンションを購入して安定した賃料収入を確保し、取引先の安定した収益源とするのが目的でした。

融資の検討に当たり、物件の資料と収支計画の提出を依頼しました。取引先より提出を受けた収支計画が**図52**です。

【図52】

収　支　計　画

（単位：百万円）

決算期		1年目	2年目	3年目	4年目	5年目
収入	家賃収入	15	15	15	15	15
	更新料収入	1	1	1	1	1
	その他収入	1	1	1	1	1
	収入合計	17	17	17	17	17
支出	減価償却	5	5	5	5	5
	支払利息	2	2	2	2	2
	その他支払	2	2	2	2	2
	支出合計	9	9	9	9	9
収支	収　支	8	8	8	8	8
	キャッシュフロー	13	13	13	13	13
	借入返済	10	10	10	10	10
	総合収支	3	3	3	3	3
	収支累計	3	6	9	12	15

収支計画を見ると返済は支障なくできそうです。取引先に収支計画の根拠、特に家賃収入の根拠の説明を求めたところ、この物件が現在満室の状態であり、鉄道の駅からも近いため、今の賃料収入は十分に見込め

るというものでした。要するに、常に満室の状態を前提に収支計画が策定されているのです。

銀行は、取引先より提出された収支計画をそのまま事実として受け止めることはありません。必ず収支計画に一定のストレスを負荷して、その上で返済の可能性を検証しています。本件の場合、具体的には家賃収入です。現実的に、常に満室状態というのは限りなく無理がありますので、銀行は満室状態の収入に２割程度のストレスをかけて収支計画を検証しています。つまり、入居状態を８割として家賃収入を修正するのです。

今回の場合は、満室状態で家賃収入が年間15百万円ですから、この８割、つまり12百万円を現実的な家賃収入として収支計画を修正するのです。入居率を満室の８割とすると、ちょうど３百万円の年間家賃収入が減少することになります。満室の時の総合収支は３百万円でしたから、入居率が８割だとすると返済した後に手元に残る資金はゼロ、つまり収支はトントンということになります。さらに、建物の築年数が古くなればなるほど一般的には入居率が低下してきますし、近隣に新築の賃貸マンションが新たに建設されるかもしれません。また、建物の修繕費用も必要になってくるでしょう。

こうなってくると家賃収入だけでは資金繰りを維持することができなくなり、本業の建設業の収支をも逆に圧迫する懸念すらあります。このように考えると、今回の中古の賃貸マンション１棟を購入することは必ずしも安定的な収益を確保することにはつながらず、将来の負担増を招く可能性すらあります。今回の購入案件については、当行は融資を見合わせる結論としました。

29 決算書の実態

融資審査の検討に際して、決算書は融資先の業況を知る上で欠かせない客観的な資料です。しかし、銀行は取引先より提出を受けた決算書をそのまま分析しているわけではありません。

次の**図53**をご覧ください。

【図53】

貸　借　対　照　表

（単位：百万円）

資　　産	前　期	負債・純資産	前　期
（流動資産）	269	（流動負債）	153
現金・預金	9	支払手形	35
受取手形・売掛金	45	買掛金	45
未収入金	5	短期借入金	50
貸倒引当金	−1	未払金	12
棚卸資産	35	未払法人税等	1
有価証券	56	預り金	2
		その他流動負債	8
短期貸付金	85		
その他流動資産	35		
（固定資産）	110	（固定負債）	214
有形固定資産	25	長期借入金	175
建物・構築物・機械	10	その他固定負債	39
車両運搬具・工具	5		
土地	10	（純資産）	12
無形固定資産	10	資本金	10
投資その他資産	75	利益剰余金	2
（繰延資産）	0	（繰越利益剰余金）	2
資産の部合計	379	負債・純資産合計	379

この貸借対照表を一見すると、債務超過ではありません。しかし、資産項目に掲載されているそれぞれの数字は本当にその価値はあるものでしょうか。例えば、受取手形・売掛金は45百万円と計上されています。もし、この受取手形の中に不渡りとなり回収の見込みがない手形が含まれていたらどうでしょうか。同じように、売掛金の中に回収の見込みがない債権が含まれていたとしたらどうでしょうか。また、有価証券が56百万円となっていますが、仮にこの数字が簿価、つまり購入した時の価格で計上されていたとして、有価証券の中に購入した時に比べて価格が下がっているものはないでしょうか。さらに、短期貸付金として85百万円が計上されていますが、本当に回収見込みはあるのでしょうか。

このように、銀行はいただいた決算書をより実態に近いものに修正して、融資判断の参考資料としています。

この取引先の場合、受取手形・売掛金のなかに回収見込みがないものが15百万円含まれていました。そうすると、実際の受取手形・売掛金の価値は30百万円に減少します。その減少分の15百万円を自己資本から控除すると、実は債務超過になってしまいます（自己資本12百万円－15百万円＝－３百万円）。また、短期貸付金の中に休眠会社への貸付金が50百万円含まれていました。さらに、有価証券については、その後の株価の低下で現在価値は35百万円となっていました。つまり、受取手形・売掛金でマイナス３百万円、短期貸付金でマイナス50百万円、有価証券でマイナス21百万円、合計でマイナス74百万円が資産価値のないものでした。すると、自己資本は12百万円－74百万円＝－62百万円となります。つまり、この会社の実態はかなりの債務超過になっているということです。

このように大きく債務超過になっている取引先ですから、融資を簡単に実行することは困難となります。

30 担保の前に返済能力

図54はある会社の決算書です。

【図54】

貸借対照表

（単位：百万円）

資　　産	前　期	負債・純資産	前　期
（流動資産）	65	（流動負債）	128
現金・預金	9	支払手形	0
受取手形・売掛金	18	買掛金	25
未収入金	5	短期借入金	30
貸倒引当金	−1	未払金	35
棚卸資産	23	未払法人税等	0
その他流動資産	11	預り金	3
		その他流動負債	35
（固定資産）	38	（固定負債）	56
有形固定資産	30	長期借入金	51
建物・構築物・機械	20	その他固定負債	5
車両運搬具・工具	5		
土地	5	（純資産）	−81
無形固定資産	5	資本金	10
投資等	3	利益剰余金	−91
（繰延資産）	0	（繰越利益剰余金）	−91
資産の部合計	103	負債・純資産合計	103

【図55】

損　益　計　算　書

（単位：百万円）

科　　目	前　期
Ⅰ　売上高	89
売上原価	53
Ⅱ　売上総利益	36
販売費及び一般管理費	45
Ⅲ　営業利益	−9
営業外収益	1
受取利息・配当金	1
その他	0
営業外費用	10
支払利息割引料	9
その他	1
Ⅳ　経常利益	−18
特別損益	0
Ⅴ　税引前当期純利益	−18
法人税等	0
Ⅵ　当期純利益	−18

毎年赤字決算となっており、債務超過の水準も相当なものになっています。ある日、業績を立て直すために新規事業を行うこと、その資金が50百万円ほど要するために融資をお願いしたいこと、担保は社長の知人が所有している不動産を差し出すとの条件提示を受けました。不動産を調査したところ、少なくとも融資希望額の50百万円の担保価値はありそうです。

結論として、今回の融資申し出は謝絶です。担保があるかどうかは融資判断過程の最後のところであり、まずは事業で融資が返済できるかどうかです。新規事業の行く末はどうなるかわかりません。そのような成否が曖昧な新規事業をあてにして、融資判断をすることはできません。そうなると、やはり今までの業績による返済可能性の判断となります。しかし、毎期赤字で大幅な債務超過となれば、返済可能性を見出すことは不可能です。

担保にて貸し倒れの心配があるかどうか以前の問題なのです。担保があるからといって、返済可能性を横に置いて融資可否を判断するようなことは、現在の銀行ではあり得ません。

31 他行の返済分も含めた融資案件

【図56】

（単位：百万円）

	3月末残	年間返済額
当　行	45	8
A銀行	76	13
B銀行	35	7
C銀行	13	2
合　計	169	30

図56は、ある会社の銀行別の借入残高と年間返済額を示したものです。この会社の決算月は３月です。４月以降の新年度において、今後の資金繰り面を検討した結果、この会社は年間返済額である30百万円を年度のどこかの時期に調達することを検討しています。

仮に、この会社から当行に30百万円全額の融資依頼が来た場合、当行の態度は大きく２つに分かれます。

１つめのケースは30百万円全額の融資に応じることです。業績が順調で、当行としてもっと融資シェアを拡大したいと考えている場合には、今回のこの会社からの申し出は願ってもないことです。

２つめのケースは、30百万円全額の融資はお断りとし、当行宛の年間返済額８百万円の追加融資に止める考え方です。

実は、この２つめケースの考え方が銀行の基本スタンスです。１つめのケースのように、業績が順調で融資シェアを伸ばしたいと考えるようなことは、現在の銀行の融資審査の基本スタンスからすれば、ある意味例外です。基本スタンスは、ケース２のように、年間返済分相当だけの融資により資金繰りを支援するということです。他行の返済分を当行が引き受ける筋合いではなく、他行返済分はそれぞれの銀行にて対応してもらうべきと考えるのです。

新年度の資金繰り見通しにおいて資金調達を考えている場合には、まずは銀行ごとの融資シェアに応じて、それぞれの銀行宛の融資依頼額を決定することが基本です。取引銀行が他行分を含めて融資するというのか、それとも自行分のみの融資支援に止めるのか、その銀行の対応方針が明確に現れます。

32 試算表なしでの融資判断

融資審査の基本は、取引先より提出をされる決算書です。税務申告を終えた確定決算書をもとに、融資審査を進めるわけです。ただし、決算書というのはあくまでも過去の実績です。一方で、融資可否の判断は現在です。決算書という過去の数字を基本的に参考にしながらも、やはり足元の業況はどうなのかは気になるところです。今期に入り急激に業績が悪化しているという事態は、十分あり得ることです。

次の**図57**をご覧ください。

【図57】

損　益　計　算　書

（単位：百万円）

科　　目	前々期	前　期
Ⅰ　売上高	356	341
売上原価	107	102
Ⅱ　売上総利益	249	239
販売費及び一般管理費	239	231
Ⅲ　営業利益	10	8
営業外収益	1	1
受取利息・配当金	1	1
その他	0	0
営業外費用	9	9
支払利息割引料	8	8
その他	1	1
Ⅳ　経常利益	2	0
特別損益	0	0
Ⅴ　税引前当期純利益	2	0
法人税等	0	0
Ⅵ　当期純利益	2	0

図57は、ある会社の前々期と前期の損益計算書です。前期は前々期比売上が減少し、経常利益はゼロと赤字すれすれの状態に悪化しています。この会社は、５年ほど前より業績が低迷しており、年々売上高が減少しています。仮にこの傾向が続ければ、今期は赤字転落が回避できない状態になっています。

この状況において、この会社より融資の相談があった場合には、やはり今期の業況の確認は欠かせません。今までの業況の推移からすると、今期は赤字転落が予想されるわけですから、簡単に融資に応じるわけにはいきません。会社側より、今期は売上が回復し赤字転落になることはないとの説明があったとしても、それが本当にそうなのかどうかを銀行としては確認したいところです。この確認する資料として欠かせないのが試算表なのです。試算表がなければ、本当に業績が回復傾向にあるのかを確認することができませんから、突っ込んだ融資判断はできません。少なくとも、前期決算月から半年が経過している時点での融資判断には、試算表は欠かせない資料となっています。

33 在庫積み上げのための融資

【図58】

貸　借　対　照　表

（単位：百万円）

資　　産	前々期	前期	負債・純資産	前々期	前期
（流動資産）	291	331	（流動負債）	151	153
現金・預金	79	92	支払手形	0	0
受取手形・売掛金	130	155	買掛金	76	83
有価証券	0	0	短期借入金	30	30
未収入金	14	12	未払金	28	21
貸倒引当金	−5	−8	預り金	1	1
棚卸資産	62	67	その他流動負債	16	18
その他流動資産	11	13			
（固定資産）	125	137	（固定負債）	140	155
有形固定資産	121	133	長期借入金	130	145
建物･構築物･機械	78	88	その他固定負債	10	10
車両運搬具・工具	13	15			
土地	30	30	（純資産）	125	160
無形固定資産	1	1	資本金	50	50
投資その他資産	3	3	利益剰余金	75	110
（繰延資産）	0	0	（繰越利益剰余金）	75	110
資産の部合計	416	468	負債・純資産合計	416	468

損　益　計　算　書

（単位：百万円）

科　　目	前々期	前　期
Ⅰ　売上高	785	835
売上原価	236	251
Ⅱ　売上総利益	550	585
販売費及び一般管理費	487	499
Ⅲ　営業利益	63	86
営業外収益	1	1
受取利息・配当金	1	1
その他	0	0
営業外費用	2	3
支払利息割引料	1	2
その他	1	1
Ⅳ　経常利益	62	84
特別損益	0	0
Ⅴ　税引前当期純利益	62	84
法人税等	35	39
Ⅵ　当期純利益	27	45

図58はある製造業の貸借対照表と損益計算書です。この会社の自社製品の売れ行きが好調で、売上高はここ最近順調に増加しています。このような状況において、この会社より「自社製品の売れ行きが今後も順調に推移することが見込まれるため、製品在庫の水準を引き上げてさらなる商機に望みたい」との理由から、在庫積み上げのための運転資金の申し出がありました。

次に**図59**をご覧ください。

【図59】

貸借対照表

（単位：百万円）

資　　産	前々期	前期	負債・純資産	前々期	前期
（流動資産）	379	431	（流動負債）	143	167
現金・預金	12	10	支払手形	0	0
受取手形・売掛金	130	155	買掛金	56	54
有価証券	0	0	短期借入金	50	70
未収入金	12	15	未払金	11	13
貸倒引当金	−5	−8	預り金	1	1
棚卸資産	195	230	その他流動負債	25	29
その他流動資産	35	29			
（固定資産）	95	91	（固定負債）	267	290
有形固定資産	85	81	長期借入金	262	284
建物·構築物·機械	51	48	その他固定負債	5	6
車両運搬具・工具	9	8			
土地	25	25	（純資産）	64	65
無形固定資産	5	5	資本金	50	50
投資その他資産	5	5	利益剰余金	14	15
（繰延資産）	0	0	（繰越利益剰余金）	14	15
資産の部合計	474	522	負債・純資産合計	474	522

損益計算書

（単位：百万円）

科　　目	前々期	前　期
Ⅰ　売上高	657	587
売上原価	197	176
Ⅱ　売上総利益	460	411
販売費及び一般管理費	401	397

Ⅲ　営業利益	59	14
営業外収益	1	1
受取利息・配当金	1	1
その他	0	0
営業外費用	6	6
支払利息割引料	5	5
その他	1	1
Ⅳ　経常利益	54	9
特別損益	0	0
Ⅴ　税引前当期純利益	54	9
法人税等	0	0
Ⅵ　当期純利益	54	9

図59の会社も製造業です。ここ最近は売上が年々低下しており、今期に入っても売上の回復が見えず、このままでは最終利益が赤字に転落する懸念があります。このような状況において、この会社より売上の回復を図るため新製品を投入したく、その製品在庫保有のための運転資金の申し出がありました。

まず、在庫の積み上げ資金について、銀行は基本的に慎重姿勢です。なぜなら、在庫は売れて初めて現金として回収することができます。もし、在庫が売れ残りとなれば、それは永久に現金化することはありません。要するに、在庫積み上げのための融資というのは、在庫が売れなければ返済原資が生じないわけですが、在庫が売れるかどうかはわかりません。返済原資が生じるかどうか不安定な融資ということになります。売れ残りとなれば、別の資金で融資を返済していただかないといけないわけですから、必ず資金繰りを圧迫する要因となります。

このような銀行の融資目線に立ってみて改めて**図58**をご覧ください。

売上は増加しています。前期の在庫水準は月商比およそ１ヶ月分です（売上高835百万円÷12≒69百万円、棚卸資産67百万円）。製品の売れ行きが伸びており、この在庫水準を引き上げるため、つまり在庫を増やすための運転資金の申し出になっています。このケースは、比較的銀行としても前向きに検討できると言えます。なぜなら製品の売れ行きが好調であり、在庫を積み増してもそれが売れる見通しがあると考えられます。現在の在庫水準も月商のおよそ１ヶ月分であり、過剰な水準ではありません。

一方、**図59**の場合はどうでしょうか。売上が低迷しており、それを回復させるために新たに新製品を開発し、その在庫資金が融資相談の要因です。新製品が売れるかどうかはまったくわかりません。さらに、前期の在庫水準は月商のおよそ５ヶ月程度となっています（売上高587百万円÷12≒48百万円、棚卸資産230百万円）。売上が低迷していることを考えると、一定の不良在庫、つまり売れ残りの陳腐化した在庫の存在が考えられます。現実的に売れ残った在庫は、少なくとも適正な価格で販売される見込みは期待薄です。この在庫を保有するために投入した資金は、回収できていないことになります。そのような状態で、さらに新製品の在庫保有です。もし売れ残りが生じたら、追加の資金負担が生じます。

銀行としては**図59**のような状態では、在庫積み上げ資金の融資支援は謝絶せざるを得ないと言えます。売上が低迷しており、それを新製品の投入で回復を図るといっても、納得性のある販売可能性を示せなければ、銀行の融資スタンスは非常に難しいものとなります。

34 入出金取引がない中での融資判断

【図60】

損　益　計　算　書

（単位：百万円）

科　　目	前々期	前　期
Ⅰ　売上高	552	531
売上原価	166	159
Ⅱ　売上総利益	386	372
販売費及び一般管理費	376	365
Ⅲ　営業利益	10	7
営業外収益	1	1
受取利息・配当金	1	1
その他	0	0
営業外費用	6	7
支払利息割引料	5	6
その他	1	1
Ⅳ　経常利益	5	1
特別損益	0	0
Ⅴ　税引前当期純利益	5	1
法人税等	2	0
Ⅵ　当期純利益	3	1

図60の損益計算書をご覧ください。

前期は前々期比売上が減少し、損益は１百万円のプラスとかろうじて黒字を確保できた状況です。もし、今期も売上が減少するようであると、赤字転落が現実となる事態です。このような会社から融資の相談を受けた場合、当然のことながら足元の業況が気になります。

足元の業況を見る基礎的な資料は試算表ですが、もう１つ業況を知ることができる材料として、預金の入出金状況があります。特に売上先からの入金状況です。会社からの説明どおりに売上が回復傾向にあるというのであれば、入金額が増加しているはずです。

自行の預金口座を売上先からの入金口座として活用してくれているのであれば、銀行はリアルタイムに業績の傾向を把握することができます。

図61をご覧ください。

【図61】

（単位：円）

日　付	入　金	出　金
２月１日	2,000,000	
２月28日		556,000
３月31日		556,000
４月30日		556,000
５月30日	1,000,000	
５月31日		556,000

図61は、この会社の当行の預金口座の入出金明細です。毎月末に556,000円の出金がありますが、これは毎月の借入返済です。２月１日と５月30日に、それぞれ2,000,000円、1,000,000円の入金がありますが、これはこの会社の他の銀行からの資金を、当行に付け替えたものです。つまり、入金は借入の返済ができるよう、預金残高を維持するために他の銀行から事前に付け替えたものです。結局、この会社は当行の預金口座はまったく事業活動には利用しておらず、借入金の返済のためだけの利用です。これでは、売上が増加しているのかどうかは、預金口座の動きを見るだけではまったくわかりません。

さらに、借入の返済ためだけに預金口座を利用しており、売上入金などの事業活動にはまったく使っていただけていないのは、銀行としてはとても寂しく感じるものです。業況の動向がまったくわからず、かつ預金口座を事業活動にまったく利用していない融資先に、銀行は突っ込んだ支援はまずしません。

言い換えれば、決算書や試算表で見る業績が今ひとつであっても、売上の入金口座など預金口座を活発に利用していただいている融資先については、何とか役に立てないか、融資支援はできないか、融資関係者が集まって知恵を出すものです。借入のある銀行の預金口座は、単なる返済のためだけの預金口座ではなく、事業活動が銀行に見えるような利用をおすすめします。

35 他行の融資残高がいずれも減少している

銀行は、基本的に取引先に対する融資ボリュームを伸ばしたいと考えています。銀行内では、営業の好事例として「他行に先駆けて資金需要をキャッチし、融資シェアを伸ばした」といったことがしばしば挙げられています。しかし、これはあくまでも業績が順調で信用力の高い取引先に限っての話です。

もう１つの前提があります。それは、他行もこの取引先に対して積極的に融資提案をしているということです。他行も積極的に融資を伸ばしたいと考えているからこそ、安心して融資営業ができるとも言えます。

次の**図62**をご覧ください。

【図62】

（単位：百万円）

	前々期末	前期末	現　在
当　行	55	76	85
Ａ銀行	76	53	45
Ｂ銀行	35	21	13
Ｃ銀行	13	5	1
合　計	179	155	144

図62はある会社の銀行別の融資残高を示したものです。当行の融資残高は増加していますが、Ａ銀行をはじめ他行の融資残高はすべて減少しています。もともと、Ａ銀行がこの会社の主力銀行であったのですが、現在では当行の融資残高は主力銀行のＡ銀行を上回る水準になっています。熱心に営業活動をした結果、主力銀行の座を勝ち取ったと言えることも可能ですが、それはあくまでも営業面の話です。融資管理面からすると、他行がすべて融資残高を落としている中で、当行のみが融資を増やしているが、本当に大丈夫なのかといった話にもなります。

ここは矛盾するところなのですが、銀行はライバルである他行の融資残高の推移を気にしています。他行の融資残高が増えている場合には安心材料となるのですが、逆にこの事例のように融資残高が減少している場合には「本当にこの会社が大丈夫なのか」といった懸念を銀行は抱くのです。

資金繰りの安定を図るのであれば、取引銀行から満遍なく追加融資を受けることがポイントなります。金利が低く良い条件だからといった理由のみで、特定の銀行からの融資に偏重していると、今後本当に資金繰りが苦しくなった時に、安定して銀行から資金調達ができないといった事態になることもありますから、注意が必要です。

36 前回融資から間もない融資相談

【図63】

資　金　繰　り　表

（単位：百万円）

	1月	2月	3月	4月	5月	6月	7月	8月	9月	10月	11月	12月
現金収入	12	15	14	11	18	17	19	16	18	17	15	20
手形期日入金	2	3	3	1	2	3	2	3	4	3	5	4
その他入金	1	1	1	1	1	1	1	1	1	1	1	1
営業収入計	15	19	18	13	21	21	22	20	23	21	21	25
現金支払	9	11	9	11	9	12	10	11	9	10	11	10
支払手形期日支払	0	0	0	0	0	0	0	0	0	0	0	0
人件費	6	6	6	6	6	6	6	6	6	6	6	6
家　賃	1	1	1	1	1	1	1	1	1	1	1	1
その他支払	1	1	1	1	1	1	1	1	1	1	1	1
営業支出計	17	19	17	19	17	20	18	19	17	18	19	18
経常収支	−2	0	1	−6	4	1	4	1	6	3	2	7
借入金返済	5	5	5	5	7	7	8	8	8	8	8	8
借入金収入	10			10		10		10		10		
財務収支	5	−5	−5	5	−7	3	−8	2	−8	2	−8	−8
総合収支	3	−5	−4	−1	−3	4	−4	3	−2	5	−6	−1
手元資金残高	14	9	5	4	1	5	1	4	2	7	1	0

図63は、ある会社の資金繰りの１年間の実績表です。当行は、この会社にとって唯一の取引銀行です。

この資金繰り実績表で目につくのは１月、４月、６月、８月、10月と１年間に５回、当行より借入を受けていることです。なぜ１年間に５回も借入を行ったのかというところですが、実は１月の借入によって当面の資金繰りは維持できる予定でした。しかしその後、予定していた売上が確保できずに、その後も同様の理由で４月、６月、８月、10月と借入を行い、資金繰りをつなぐ必要があったのです。結果として、このように前回融資から間もなく、かつ何回も融資が受ける借り方は、銀行に非常に悪い印象を与えます。何回も融資の相談を行うと、銀行は間違いなく「資金繰りが順調ではない」と受け止めます。

銀行に資金繰り支援の融資相談をする際には、少なくとも向こう１年間の資金繰りを見通し、かつ予定どおりに行かない状況になることも踏まえて、ある程度金額に余裕をもった借り方がおすすめです。資金繰りに余裕を持たせるような融資は受けられないこともありますが、相談する際には、状況の変化も踏まえた余裕のある金額の融資を相談してみましょう。

今回の事例の場合はあくまでも結果論ですが、１月に5,000万円、少なくとも3,000万円の融資が受けられれば、事例の実績以上の資金繰りの安定が図られたはずです。足りなくなってから融資を相談するのではなく、前もって金額に余裕を持たせて融資を相談するということです。

37 融資シェアに応じた預金シェア

銀行は、融資シェアに応じた取引の獲得を目標としています。預金取引、振込取引、外国為替取引など融資以外のすべての取引について、自行の融資シェア応分の取引をもらいたいと考えています。

【図64】

（単位：百万円・％）

	融資残高	融資シェア	預金残高	預金シェア
当　行	52	30.8	12	14.5
A銀行	75	44.4	45	54.2
B銀行	30	17.8	21	25.3
C銀行	12	7.1	5	6.0
合　計	169	100.0	83	100.0

図64はある融資先の会社の融資シェアと預金シェアを表にしたものです。当行は、融資残高からすると準主力銀行の位置付けであり、融資シェアは30.8％となっています。ところが、預金残高を見てみると、当行の預金シェアは14.5％となっています。融資シェア対比預金シェアを見ると、A銀行とB銀行は、それぞれ融資シェア以上の預金シェアを獲得しています。C銀行は、ほぼ融資シェア並みの預金シェアを獲得していると言えるでしょう。明らかに当行は割り負けの状態です。このような状態を銀行は嫌うのです。

当行は、この融資先に対して、預金シェアの是正を申し入れることになります。当行の預金シェアが少ない場合でも、その会社全体に相応の預金量があれば資金繰りに支障はないでしょうし、当行融資の返済も無難に行われるでしょう。したがって、この会社の信用面には不安はないとも言えます。

しかし、銀行にとって融資は単に会社との取引の１つであって、融資取引だけを目的にしているものではありません。振込取引や外国為替取引など、総合的な取引をしたいと銀行は考えています。総合的な取引がないと、銀行としても採算面で厳しいものがあります。融資取引だけで採算を確立しようとすると、他の銀行対比で相当高い融資利率を確保しないと困難ですし、そのようなことは非現実的でしょう。また、振込取引や外国為替取引が相応にあれば、自然と銀行の預金量は増えてくるものです。

預金シェアはその会社との取引全体のバロメーターとも言えるのです。もし預金シェアが是正されない場合には、銀行の融資姿勢は残念ながら変化してきます。したがって、融資シェアに応じた他の取引の分散が、銀行との賢いつきあい方と言えます。

38 必要な時期での都度の融資申し込み

融資を受ける立場からすると、資金が不足するときにその都度、借入することが便利で経済的です。

【図65】

資　金　繰　り　表

（単位：百万円）

	1月	2月	3月	4月	5月	6月	7月	8月	9月	10月	11月	12月
現金収入	29	21	27	45	24	26	30	28	44	21	28	55
手形期日入金	13	10	10	21	14	13	14	13	17	11	17	20
その他入金	3	3	2	3	3	2	1	2	1	1	1	1
営業収入計	45	34	39	69	41	41	45	43	62	33	46	76
現金支払	19	28	23	21	20	17	25	18	34	28	22	27
支払手形期日支払	0	0	0	0	0	0	0	0	0	0	0	0
人件費	13	13	13	13	13	13	20	13	13	13	13	20
家　賃	1	1	1	1	1	1	1	1	1	1	1	1
その他支払	3	3	3	3	3	3	3	3	3	3	3	3
営業支出計	36	45	40	38	37	34	49	35	51	45	39	51
経常収支	9	−11	−1	31	4	7	−4	8	11	−12	7	25
借入金返済	7	7	7	22	7	7	7	7	17	7	7	27
借入金収入		15					10			20		
財務収支	−7	8	−7	−22	−7	−7	3	−7	−17	13	−7	−27
総合収支	2	−3	−8	9	−3	0	−1	1	−6	1	0	−2
手元資金残高	16	13	5	14	11	11	10	11	5	6	6	4

図65はある会社の今後1年間の資金繰り計画です。2月、7月、および10月にそれぞれ資金不足が発生する見込みであることから、2月に15百万円、7月に10百万円、10月に20百万円の借入を予定しています。一方、4月、9月、12月は資金余剰となることから、借入をしたものをそれぞれ返済する計画です。つまり、資金が必要な時期だけ借入をすると

いう資金繰り計画です。支払利息の軽減にもつながり、資金の合理性からは申し分のない計画と言えるでしょう。

しかし、銀行はこのような融資の仕方を敬遠します。なぜなら融資手続の手間だけがかかって、ほとんど儲かることにはならないからです。ではどうすればよいのでしょうか。

ご提案するのは、向こう１年間の必要な資金全部を１回の融資にて調達することです。これであれば、銀行としては融資手続が１回で済みますし、その後の利息収益も期待できます。必要な時期での都度の融資申し込みであると、銀行では毎回審査を行いますから、１回目は融資が無事に受けられても、次回は受けられない可能性もあり、その場合には資金繰りに支障が生じることもあり得ます。当面の必要な資金をあらかじめ調達しておけば、資金繰りにそれほど気を使う必要はなく事業活動に注力できるはずです。資金繰りの安定のためにも、必要な時期での都度の借入よりも、あらかじめ合計で借入する方法がおすすめです。もっとも、銀行側から、必要な時期に必要な金額だけ融資をして短期間のうちに返済する条件を付されることもあります。

なお、当座貸越といった随時借入、随時返済の融資枠を提供している場合は別ですが、当座貸越は原則として信用力が相当高い会社に限定した取扱いとしています。資金が効率よく運用できる当座貸越枠を供与されていれば良いのですが、多くの会社には供与されていません。

39 代金取立手形の持ち込みは融資判断のプラス材料

【図66】

（単位：百万円）

与　信		保　全	
プロパー融資	80	保証協会	30
マル保	30	不動産担保	0
合　計	110	合　計	30
無担保与信			80

図66は、ある融資先における銀行の与信保全状況です。現在80百万円の無担保与信を許容している状態です。この融資先の業績はまずまずと言ったところですが、無担保与信80百万円というのは、通常であればかなり踏み込んだ与信対応と言えます。業績が順調だからなどといって、業績に依存した与信判断をすることは銀行にとって危険であり、このような判断は原則として回避しています。なぜならば、業績は常に変動するものであり、もし今後業績が悪化してくれば、無担保与信はその分だけ貸し倒れがほぼ自動的に発生してしまうからです。

ですから、何かしらの無担保与信を許容する拠り所が必要です。今回の事例の場合、拠り所は代金取立手形の取り扱いでした。

次の**図67**をご覧ください。

【図67】

（単位：百万円）

	1月	2月	3月	4月	5月	6月
持込高	78	68	81	96	74	85
平均残高	73	72	74	82	85	83

図67は、この会社が当行に持ち込んでいる代金取立手形の取扱状況で

す。毎月コンスタントな持込がなされており、平均残高も図のとおりとなっています。代金取立手形は、万が一の場合は銀行が押さえることができますから広義の保全と考えることができます。この取扱いが、この会社に対する無担保与信を許容する拠り所となっているのです。

40 社長が質問に答えられない

【図68】

貸　借　対　照　表

（単位：百万円）

資　　産	前々期	前期	負債・純資産	前々期	前期
（流動資産）	206	258	（流動負債）	114	140
現金・預金	56	43	支払手形	12	14
受取手形・売掛金	75	81	買掛金	56	54
短期貸付金	0	50	短期借入金	10	50
未収入金	3	3	未払金	14	8
貸倒引当金	−1	−1	未払法人税等	4	5
棚卸資産	54	58	預り金	1	1
その他流動資産	19	24	その他流動負債	17	8
（固定資産）	54	52	（固定負債）	124	143
有形固定資産	50	48	長期借入金	95	115
建物・構築物・機械	13	11	その他固定負債	29	28
車両運搬具・工具	3	3			
土地	34	34	（純資産）	22	27
無形固定資産	1	1	資本金	20	20
投資その他資産	3	3	利益剰余金	2	7
（繰延資産）	0	0	（繰越利益剰余金）	2	7
資産の部合計	260	310	負債・純資産合計	260	310

図68の貸借対照表は、融資の申し出を受けた際に提出を受けた直近のものです。今回の融資の目的は運転資金なのですが、決算分析を進める中で気になった点が、貸借対照表に示されている短期貸付金の新規発生です。決算書類を見てみると、貸付先はこの会社の社長宛のものでした。

運転資金の融資相談なのですが、仮にこの社長宛の貸付がなければ、今回の借入需要は発生しなかったかもしれません。また、そもそも資金の貸付はこの会社にとって事業に直接関係することではありませんから、なぜこのような必要があったのか、どうしても銀行としては確認をしたいところです。

ある日、この社長に貸付金の内容とその理由を確認したところ「自分はよくわからない。税理士さんがやったことだから税理士さんに確認をしてほしい。」という回答が返ってきました。この社長の対応は、銀行としては納得できるものではありません。社長が決算の内容を把握していないことを、銀行としては受け入れることはできません。決算書の重箱の隅をつつくような細部の事柄であればまだしも、今回の場合は金額も5,000万円と多額ですし、前期に新規に発生している事柄です。この質問に社長が即座に答えられないということは、「この社長は決算のことはまったく他人任せで無関心」と銀行が考えてもやむを得ないことです。

社長の許可を得て税理士に内容を確認したところ、この会社の販売先とのトラブルで代金が回収できなくなり、それを社長宛の貸付金として処理をしたもののようでした。5,000万円の回収倒れです。この会社の前期の自己資本は2,700万円ですから、実質債務超過に陥ったということになります。簡単に対応できる融資案件ではなくなりました。社長宛の貸付金の実態が回収不能な債権だということになると、社長は本当は知っていたのに隠したと考えたくなります。この社長および会社に対する銀行の信頼度は相当低下してしまいました。

41 借入口数を減らす

【図69】

（単位：千円）

科　目	貸付日	当初融資額	現在残高	毎月返済額	資金使途
証書貸付	2015/3/31	20,000	11,650	334	運転資金
証書貸付	2016/6/30	20,000	13,988	334	運転資金
証書貸付	2017/1/31	15,000	10,413	417	運転資金
証書貸付	2017/11/30	10,000	7,498	417	運転資金
	合　計	65,000	43,549	1,502	

図69はある会社に対する当行の融資明細です。現在４件の運転資金の借入があり、現在の借入残高は43,549千円、毎月の元金返済額合計は1,502千円となっています。それぞれの資金需要に応じて、2015年の３月以来順次融資を実行してきたものです。

仮に資金繰りが必ずしも潤沢ではなく、これからも銀行からの融資が必要であるとすれば、借入の口数はなるべく少なめにした方が資金繰り上は良いと言えます。

現在４件の借入により、月間の返済額合計は1,502千円ですが、もともと2015年３月に借入をした時は月間の返済額は334千円でした。その後の追加借入により、返済額が増加し現在に至っているわけです。今後も追加の借入をするごとに返済額は増加していくことになり、資金繰りへの負担は増していきます。

資金使途が運転資金であれば、原則としてそれぞれの借入を一本化することは可能です。現在４件の運転資金借入で、合計残高は43,549千円となっています。現時点で再び追加の借り入れが1,000万円程度必要だとしたら、別口で1,000万円の融資の相談をするのではなく、新規に5,500万円の借入をし、現在の４件の借入を全額返済する条件で銀行に相談してみましょう。5,500万円について期間５年で借入を受けるとすると、その後の毎月の返済額は元金で約917千円（5,500万円÷60回払い）となり、現在より約585千円ほど返済額は少なくなります。こちらの方が資金繰り上は絶対に楽なはずです。なお、これは返済条件を緩和する、いわゆるリスケには該当しません。

42 短期借入より長期借入

次の図68資金繰り表をご覧ください。

【図70】

資　金　繰　り　表

（単位：百万円）

	1月	2月	3月	4月	5月	6月	7月	8月	9月	10月	11月	12月
現金収入	29	21	27	31	24	26	30	28	27	21	28	34
手形期日入金	13	10	10	11	14	10	14	13	17	11	17	20
その他入金	3	3	2	3	3	2	1	2	1	1	1	1
営業収入計	45	34	39	45	41	38	45	43	45	33	46	55
現金支払	19	28	23	27	20	17	25	18	24	18	22	27
支払手形期日支払	0	0	0	0	0	0	0	0	0	0	0	0
人件費	13	13	13	13	13	13	20	13	13	13	13	20
家　賃	1	1	1	1	1	1	1	1	1	1	1	1
その他支払	3	3	3	3	3	3	3	3	3	3	3	3
営業支出計	36	45	40	44	37	34	49	35	41	35	39	51
経常収支	9	−11	−1	1	4	4	−4	8	4	−2	7	4
借入金返済	0	5	5	5	5	5	5	0	5	5	5	5
借入金収入	30							30				
財務収支	30	−5	−5	−5	−5	−5	−5	30	−5	−5	−5	−5
総合収支	39	−16	−6	−4	−1	−1	−9	38	−1	−7	2	−1
手元資金残高	45	29	23	19	18	17	8	46	45	38	40	39

1月に3,000万円の借入を6ヶ月の分割返済で行い、7月に完済、そして8月に再び3,000万円の借入を、1月と同じ条件で借入をしている資金繰り表です。つまり、短期借入金にて運転資金を調達し、全額返済すると再び短期借入金にて運転資金を調達しています。運転資金の教科書通りの借入の仕方といえるでしょう。

しかし、このような融資の仕方は、銀行として融資先をあまり評価していないことの表れです。もっと融資をしたいと銀行が考えている取引先であれば、このような短期借入金を繰り回すような融資の仕方はせずに、長期借入金にて運転資金の融資をしたいと考えます。短期借入金を繰り回すような融資の仕方は、銀行としては手間がかかり正直採算面で苦しいところがあります。

銀行から長期借入金にて運転資金の提案があれば、それはぜひ受けられることをおすすめします。資金繰り面で問題がなければ、短期借入金で繰り回す借入方法も資金的に効率的だとも言えますが、その銀行と長い取引を展望されているのであれば、ぜひ提案どおり長期借入金にて運転資金の調達をされた方が良いと思います。

銀行とのつきあい方・融資交渉のポイント

銀行に融資を申し込む際にはいくつかの「コツ」があります。その「コツ」を、銀行融資の申し込みを受ける側の視点からいくつかご紹介します。

1 事業内容はできるだけわかりやすく説明する

最初は「事業内容をわかりやすく説明する」です。

銀行では融資の申し込みを受けると、最初に担当者がその是非を検討し、上席者に稟議を提出し決裁を受けます。

融資検討の出発点は融資先の事業内容の把握です。

銀行では様々な業種の会社と取引がありますが、担当者レベルですべての業種の内容や特徴を把握しているわけではありません。ベテラン担当者ともなれば業界知識などは充実していますが、若手担当者ともなれば素人同然です。したがって、銀行に融資を申し込む際には、事業の内容をわかりやすく説明することがポイントとなります。

事業内容を説明する際には、業種だけではなく主要な販売先や仕入先、売上回収条件や支払条件など資金繰りに関係する点も併せて説明することをおすすめします。事業内容がわかっても「なぜ資金が必要なのか」がわからなければ、やはり銀行担当者の手は止まってしまいます。売上回収条件や支払条件は「なぜ資金が必要なのか」を解明する大きなヒントとなるからです。

2 良いことばかりではなく悪いことも言う

多くの会社や個人事業主の方から融資の相談を受けているなかで、相談時に「受注が増加している」「新規のメニューが大好評」など良いことばかりを説明される方がいらっしゃいます。銀行から融資を受けるために、良いことを説明したくなる気持ちは十分に理解できるのですが、これはかえって逆効果です。

良いことばかりを言われたら、それを疑いたくなるのが人間です。銀行員も同じです。良いことを説明すると同時に、悪いこと、弱いところもきちんと説明することで銀行員は「この会社（人）は自社のことをきちんと把握し、計画を立てて日々の経営を行っている」と考えるのです。つまり、銀行から信頼を得ることができるということです。

良いことばかりを言って銀行融資が受けられないということはありませんが、「とりあえず」程度の融資しか期待できません。設備資金など、長期の融資は期待することはできません。

3 融資希望額は明確に伝える

取引先から「いくらまで借入できますか」という質問を受けることがあります。銀行員を悩ます質問の１つです。

銀行融資の審査スタンスは「いくらまで融資できるか」ではなく、「希望額の融資ができるかどうか」です。銀行の融資審査は、顧客からの具体的な融資希望金額があってはじめて、その融資金額の妥当性を検討することになります。

例えば、1,000万円の設備を取引先が購入するとします。その際、「手元の200万円は設備購入に利用できるため、残りの800万円を銀行融資で調達したい」という申し出の仕方が良いのです。つまり、全体の資金必要額がいくらで、そのうちどれくらいを銀行融資で調達したいのかを明確にして申し込む方法です。「いくらまで融資が受けられるか」という申し込み方法は、銀行に「計画性がない」との印象を与えかねません。

もちろん、銀行は取引先ごとに融資限度額の目安を設定しています。しかし、融資額は取引先の業績やその資金使途等によって異なります。どのような計画があって、全体の必要額はどのくらいなのか、そのうちどのくらいを銀行融資で賄うことを考えているのか、このことを銀行に伝えることが大切です。事業に関係のある資金であれば、すべて銀行融資の対象になります。事業の何に使う資金なのかを自分の言葉で銀行の担当者に伝えてください。

4 入出金取引をつける

事業を行っていれば、売上の回収や仕入先への支払い、従業員への給与支払いなどで銀行口座を使用するはずです。これら入出金取引に使う銀行口座を、融資を受けている銀行にはせず、あえて融資を受けていない銀行の口座を利用している取引先が見受けられます。

入出金取引によって、取引先の日々の生身の姿を銀行は知ることができますから、これを敬遠してあえて融資を受けていない銀行の口座を利用するという考え方かもしれません。しかし、これでは大きな融資やいざという時の融資を銀行から期待することはできません。

銀行融資の審査においては、決算書や試算表などによる財務面の審査が中心となります。ただし、決算書や試算表は、審査時点においてはあくまでも過去の数字です。

一方、入出金取引は現在の取引先の状況を把握することができます。現在の状況を把握できないと、銀行はどうしても保守的な判断をせざるを得ません。

例えば、決算書では赤字の状態で銀行に追加融資を申し込む際、現在の状況によって業績の回復がうかがえる場合には、銀行は必要な融資を検討しやすくなります。また、業績の回復どころか低下傾向である場合においても、日頃から入出金取引をいただいている取引先に対しては、最低でも事業継続に必要な資金は支援をしなければならないという、銀行の社会的責任を引き出せる可能性が高まります。

平たく言えば、ありのままの姿を示してくれる取引先に対して、銀行は手厚い支援を行いたいという気持ちになるものなのです。

複数の銀行と融資取引がある場合には、基本的には融資のシェアに応じて入出金取引を分散します。ただし、社内の管理上や効率の面から、入出金取引を複数に分散することが困難な場合には、主力行など日頃の対応から最も信頼できる銀行に集中するのが一案です。

5 資金の使い道を明確にする

銀行融資の資金使途は、基本的には運転資金と設備資金の２つです。運転資金と設備資金は、いずれも事業に資するものでなければなりません。

したがって、株式運用資金や第三者への貸付金などの投融資資金、事業とはまったく関係のない個人の住宅購入資金などは、事業のための銀行融資にはなじみません。事業のための工場建設資金や機械・車両の購入資金といった設備資金、あるいは商品や材料の仕入資金、従業員への賞与資金など、およそ事業を維持するための運転資金が銀行融資の対象となります。

なお、運転資金は非常に幅の広い資金使途です。事業に関係のあるもので設備購入以外のものは、広義の意味で運転資金に当てはまります。例えば、広告費や採用増に伴う人件費、税金納付のための資金、販売条件の変更に伴う立替資金など実に様々です。

したがって銀行融資の申込みに当たっては、資金使途を明確にしておかなければなりません。偽って銀行融資の申込みをしても、提出を求められる決算書などの他の資料から、銀行員は真の資金使途を嗅ぎつけます。資金使途を偽って申込みをしていることが判明すれば、絶対に銀行融資を受けることはできません。

6 紐付き案件で融資額を拡大する

先日、WEBデザインを手掛ける会社宛てに運転資金の融資を実行しました。売上が順調に伸びており、これに伴い資金の立替負担が増加していることから、資金繰りの安定のために融資を実行したものです。

その際「これで当面の資金繰りに不安はない」という話と同時に、「当社の融資枠はこれで当面一杯ですか」との質問がありました。

質問の背景をよく聞いてみると、2、3ヶ月後に大きな受注案件が控えており、これが正式に決まると今回の融資だけでは資金繰りが回らない可能性があることから、資金確保が無理であれば安易に受注することもためらわれるため、どうしようかと悩んでいるとのことでした。

その会社に対する融資は、今回の融資で少なくとも無担保扱いの対応は限界で、当面は返済を続けてもらい、返済が進んだ分だけ追加融資の検討が可能な状態です。しかし、社長からは「2、3ヶ月後の案件は長年営業をかけてきた大手先からの話であり、将来を考えた場合、何とかして受注にこぎ着けたい」との強い意思が感じられました。

そこで提案したのが紐付き融資です。これは、新規の大きな受注案件に限った必要資金を運転資金として融資を行い、その受注売上の回収資金によって当該融資は全額を返済していただくというものです。

融資としては、先に実行したものと何ら違いはありませんが、銀行としては、限定的、一時的な融資であり、比較的短期間に回収ができる案件として検討の土台に乗りやすいのです。

7 事業計画より足元の業績

融資の相談を受ける際、取引先より将来の事業計画の説明があり、そのために資金が必要なので融資をお願いしたいとの要請を受けることがあります。

しかし、銀行融資の審査は将来の事業計画の前に、まず足元の業績がどうなっているのかという点に目が行きます。つまり、①足元の業績確認、②将来の事業計画の順番なのです。ところが、足元の業績の説明を飛ばしていきなり将来の事業計画を説明される取引先が少なくありません。事業計画はあくまでも将来の話であって、計画どおりに物事が進むかどうかはわかりません。計画どおりに進まなかった場合でも、この取引先は耐えられるだけの財務基盤を持っているのかどうか、それを足元の業績などから銀行員は確認をするのです。

足元の業績が芳しくなく財務基盤が脆弱な場合、仮に事業計画どおりに物事が運ばなかった場合、そのお客様の信用面に大きな疑念が生じて融資の返済が困難になってしまう可能性があります。足元の業績が良好で財務基盤がしっかりとしていれば、仮に事業計画どおりに物事が運ばなかった場合でも、その取引先は信用面に大きなマイナス影響を受けることなく融資の返済にも支障を来さないと考えることも可能となっています。

銀行に将来の事業計画を説明し、そのための必要資金の融資相談をする際には、まずは足元の業績の説明を行い、その上で事業計画の説明を行うようにしてください。

8 税理士任せはダメ

顧客より銀行融資の申し込みを受け、審査の過程で不明点がある場合、取引先に問い合わせをすることになります。その際「こちらではわからないので○○税理士に聞いてほしい」という答えが返ってくることがあります。また、銀行融資の申し込みの際に、税理士同伴で来られる取引先があります。

しかし銀行は、「税理士に聞いてほしい」という回答や税理士同伴での銀行融資の申し込みに対して、「この取引先は自社の状況をきちんと把握していないのではないか」と感じてしまいます。

取引先からすれば、税理士から答えてもらう、あるいは税理士に同行してもらう方が安心なことだと思います。税理士であれば、銀行員からの質問に対しても、すらすらと理路整然と答えてくれると期待されているのでしょう。しかし、銀行員は税理士の理路整然とした説明を期待しているのではありません。理路整然としていなくても、あるいは口下手でもあっても経営者自らの言葉を銀行員は大切にしています。

銀行融資の審査は、決算書などの数字が中心であることは事実ですが、経営者自身の資質も重要な審査ポイントです。自社のことがよくわかっておらず他人任せの経営者の会社に、安心して融資をすることはできません。自分の言葉で答えてくれる経営者の方が銀行員は好きなのです。

9 過度な金利交渉はマイナス

融資を受ける側からみて、銀行融資の金利は低い方がよいでしょう。他の銀行との競争もあって、銀行側から低金利で提案をしてくることもあるかと思います。融資を受ける側としても、金利をもっと引き下げるように交渉をすることもあるでしょう。

ここで知っていただきたいのは、銀行は融資先の個社ごとに採算を管理しているということです。銀行の採算管理は、融資量に対してどれだけの利益が上がっているのかという観点で管理をしています。融資は銀行からみれば資産です。その資産に対して、どの程度の利益率があるのかを管理しているのです。

低採算の融資先については、何とか採算を改善させようと銀行は考えます。融資以外の取引、例えば振込の取扱いなどで採算を改善させることなどが一例です。

しかし、融資先ごとの採算に大きな影響を与えるのはやはり融資ですし、その金利です。銀行融資の金利が低ければ、上記の利益率が改善することはありませんし、むしろ足を引っ張っています。このような低採算の融資先については改善交渉を行い、それでも改善の見通しがつかない場合には、取引そのものを見直しすることすらあります。「あそこは金利にうるさくて採算が改善しない。今後は無理して融資をすることはない」ということにもなりかねません。

事業を行っていく上で、資金繰りの維持は生命線ですし、いつも資金繰りが安定しているとは限りません。銀行融資により資金繰りを維持しなければならない時もあるでしょう。金利について銀行の言いなりになる必要はありませんが、安定的に銀行から融資を受けて資金繰りの心配をしないようにしておくことも、大切なことではないでしょうか。

10　事業計画は文章だけではなく数字でも示す

業績が芳しくない状態で銀行に追加融資などを申し込む場合に、銀行から今後の収支改善計画の提出を求められることがあります。

銀行としては、融資した資金は最終的には全額回収されなければなりません。したがって、銀行融資の審査においては融資した資金が最後まで回収できるかどうかが判断のポイントになります。この点において、業績が芳しくない場合には、銀行としては融資した資金が回収できるのかどうかが不透明になります。

収支改善計画書は、銀行が抱く「融資回収の不確実性」を補強する意味合いがあるのです。ところが、収支改善計画が文章だけの場合、まったく説得力がありません。説得力を持たせるためには文章だけではなく、今後の事業計画方針に基づいた数字での説明が欠かせません。文章で今後の事業計画を説明し、それを数字でも表す、この２つがあってはじめて説得力のある収支改善計画書になります。

11 銀行担当者とのコンタクトを大切にする

銀行にもよりますが、融資担当者は、１人あたり平均して100社以上の担当先を有しています。以前は外回りの営業担当者のほかに、融資担当者が存在し、１社あたり２名の担当制でした。しかし今では、多くの銀行では１人の担当者が営業と融資管理面の両方をこなしています。外に出かけて営業の仕事をしつつ、銀行の中で融資の稟議書も作成しています。そのため、しばらく担当者の顔を見ていないといったこともあるのではないでしょうか。おそらく担当者も気にはなっているのですが、担当先数が多いだけになかなか手が回らないというのが本音です。また、担当者は日々目標に追われていますから、成績が伸ばせる取引先にだけコンタクトを取るといった面も現実的にはあります。

一方、取引先が銀行に期待する一番の役割は、スムーズな資金調達の支援です。融資を頼めばすぐに対応してくれて、必要な時期までに融資を実行してくれるということです。しかし、日頃からコンタクトが薄くなっていると、スムーズな融資は難しいのが現実です。

銀行の担当者がなかなか訪問をしてこないのであれば、たまには銀行に足を運んでみてください。別に仕事の話をしなくてもいいのです。世間話でもいいのです。最低でも月１回のコンタクトを取っていると、銀行側も何かにつけて迅速に動きやすいものです。

12 融資シェアに応じた取引振の分散

複数の銀行と融資取引があると、それぞれの銀行ごとの融資シェアがあります。例えば、すべての銀行合計で１億円の融資を借入している場合に、Ａ銀行からは7,000万円、Ｂ銀行からは2,000万円、Ｃ銀行からは1,000万円の融資を受けているとすると、銀行ごとの融資シェアはＡ銀行70％、Ｂ銀行20％、Ｃ銀行10％となります。

一方、銀行取引における日常取引として、売上金の回収や仕入の支払い、従業員への給与の支払いなどがあります。この日常取引を、いずれかの銀行１つに集約してはいないでしょうか。日常取引を１つの銀行に集約していれば、いくつかの銀行に分散しているよりは管理の手間が省けます。しかし、日常取引がない銀行はこのことを嫌います。

銀行は少なくとも融資シェア並みの日常取引の確保を目指しています。例えば毎月の支払いが50件ある場合、Ａ銀行の融資シェアは70％ですから、50件の70％、つまり35件の支払いはＡ銀行経由で行ってもらいたいということです。また、銀行は融資を取引先への支援の１つと考えています。支援をしている以上は、相応の日常取引をいただく権利があるというのが銀行の理屈です。銀行の収益の多くは融資に伴う利息収入ですが、振込などの手数料収入も決してばかにならない水準なのです。

日常取引の有無は、銀行の融資姿勢にも意外な影響を与えます。最もその影響が顕著に表れるのが、取引先が業績不振に陥り銀行が融資に慎重になる場面です。この時、日常取引がない銀行に融資の相談に行ったとしても、その銀行からは「うちは日常取引をいただいていない。日常取引のある銀行に相談に行ってください。」と日常取引の有無を理由に融資を断ることが少なくありません。「日常取引をいただいていれば相応の支援は検討するが、そうでなければ支援の義務はない」といった考え方です。業績が好調で銀行が積極的に融資に応じる、あるいは融資の営業を受けているときは、日常取引はそれほど影響はないのですが、資金繰りに困り銀行融資が必要な時に、日常取引の有無や濃淡が大きな影響を与えることがあるのです。

日常取引を複数の銀行に分散すると手間がかかり面倒なのですが、円滑な資金調達のためには、融資シェアに応じた日常取引の分散は大切なことなのです。もう少し預金をおいてくれていれば、融資が検討できる案件は少なくありません。他行との取引もありますから、他行にも預金を置いておくことが必要でしょう。しかし他行の中には融資取引がない、あるいは信用保証協会の保証付融資しかないというところもあるのではないでしょうか。そのような銀行に預金を置いていても、融資という資金調達力には影響がありません。

13 俗に言う「死に金」

銀行は取引先から融資の相談を受けた際に、その取引先の決算状況など信用面の調査を行うのは当然のこととして、その先の判断材料として取引振というポイントがあります。取引振とは融資取引以外の預金取引や振込取引、外為取引などを言いますが、融資審査において重要な項目となるのは預金取引です。これは融資可否の判断に意外に大きな影響を持っています。

預金量が多いということは、売上の入金指定口座になっていたりすることが多く、活発にその銀行を利用してもらっていることが想像できます。また、預金量が多ければ、その取引先への安心感が増すことは事実ですし、またその後の預金量の変化によってリアルタイムの取引先の業況を類推することができます。

ところで、取引先より融資の相談を受けて自行の預金量を改めて調べてみると、預金量が極めて少ないことがあります。そこで、取引先の預金はどこの銀行に多いかとヒアリングなどで調べてみると、意外にも融資取引がない銀行に預金が滞留していることが少なくありません。そして、この他行にある預金が自行に滞留していれば、もっと融資がしやすいのにと感じることが多いのです。他行にある預金は、融資判断において追い風となる判断材料にはなりません。銀行融資の現場では、融資取引のない銀行に置かれている預金のことを「死に金」などと呼んでいます。

銀行融資のつきあい方として、日頃から融資を受けたいと感じている銀行には、預金を厚く置くようにすることが得策です。

著者紹介

井村　清志（いむら きよし）

1965年生まれ。
大学卒業後、メガバンクに入行し、現在までほぼ一貫して融資業務を担当。大企業向けから中小企業向けまで幅広く担当し、融資営業、融資管理、融資審査、債権回収といった融資業務全般に精通。
銀行の融資業務を通して知り得た経験を元にウェブサイト「銀行員の融資総合ガイド」（http://ginkobank.com/）を運営。
著書に『中小零細企業の融資判断事例集』（近代セールス社、2014年）、『事例で学ぶ融資稟議の進め方』（同、2016年）がある。

実務家が知っておきたい
顧問先企業のための
「銀行からの融資」ハンドブック
―メガバンク融資担当者の視点で学ぶ，
中小企業への融資事例とポイント―

2019年7月9日　初版発行

著　者　井　村　清　志
発行者　和　田　　裕

発行所　日本加除出版株式会社
本　社　郵便番号 171-8516
東京都豊島区南長崎3丁目16番6号
TEL　(03)3953-5757（代表）
(03)3952-5759（編集）
FAX　(03)3953-5772
URL　www.kajo.co.jp
営業部　郵便番号 171-8516
東京都豊島区南長崎3丁目16番6号
TEL　(03)3953-5642
FAX　(03)3953-2061

組版・印刷　㈱郁文　／　製本　牧製本印刷㈱

落丁本・乱丁本は本社でお取替えいたします。
★定価はカバー等に表示してあります。

Printed in Japan
ISBN978-4-8178-4574-0